どうする？
利用者の金銭問題

ケアマネジャーのための債務整理入門

—専門家へのつなぎ方、つないだ後のかかわり方—

弁護士・精神保健福祉士 平林 剛 編著
弁護士 山田 英男 編著

第一法規

はじめに

本書は、福祉職として現場で稼働した経験があったり、ケアマネージャー等の福祉事業所の職員や福祉事務所のケースワーカー等と日常的に連携していたり、社会福祉士や精神保健福祉士の資格を有している弁護士と、弁護士との協働経験豊かなソーシャルワーカーらによって執筆されている。なお、「ケアマネジャーのための」と銘打っているが、他の福祉職をはじめとして、対人援助に関わる皆さんに役立てていただけるものと自負している。

福祉サービスの利用者が法的問題に直面してしまい、慣れない法律用語をインターネットで何時間も検索した、今後どうなっていくのかわからずケアマネジメントを上手く行うことができなかった、そういった経験はないだろうか。そういった法的問題の中には、弁護士に相談してもらえれば、たちどころに一定の方向性をお示しすることができるものも少なくない。まさに、「餅は餅屋」である。

しかし、現実には、うまく弁護士につながることができず、福祉的支援の専門家が、法的問題への支援という「専門外の支援」に時間をとられ、貴重な専門性を発揮する時間が失われてしまっているのではないかと感じさせられる例は少なくない。福祉的支援の専門家から福祉的支援をうける時間が失われてしまう。このことは利用者にとって不幸なことである。

そこで、弁護士につなぐタイミングや、つなぎ方、つないだ後の流れや見通しといった利用者の不安軽減につながる内容について、弁護士との典型的な協働の場面の一つである「債務整理」を題材に解説するために執筆されたものが本書である。繰り返しになるが、法律に精通し、「専門外の支援」をしていただくために執筆されたものでないことは、強調しておきたい。

そのため、まずは、一般的な借金問題が解決するまでの流れを物語仕立てで記した第一章を、小説でも読むような気楽な気持ちで一読いただけたらと思う。その上で、第二章については、通読していただくというよりも、目次を眺めていただき、以前こんなことがあった、今こんな悩みを抱えている、という観点から、必要な部分を読んでいただけたらと思う。

本書の最後のコラムに記したように、弁護士との協働がお互いにとって、すなわち利用者にとって有益な場面は、金銭問題に限られない。しかし、まずは、本書が、「債務整理」について、より一層の協働が進む一助となれば、幸いである。

執筆者一同

目　次

執筆者一覧

（2023年１月１日現在）

編　集

平林　剛
山田　英男

執筆者（50音順）

奥田　真帆	立川アジール法律事務所（東京弁護士会）／弁護士
坂本　千花	坂本千花法律事務所（東京弁護士会）／弁護士・社会福祉士・精神保健福祉士
佐藤　香奈子	オフィスヒラソル／社会福祉士・精神保健福祉士・保育士
鈴木　愛子	鈴木法律事務所（愛知県弁護士会）／弁護士・社会福祉士
平林　剛	第一東京弁護士会・YORISOU社会保険労務士法人／弁護士・精神保健福祉士・社会保険労務士
三上　早紀	弁護士法人東京パブリック法律事務所（東京弁護士会）／弁護士
山田　英男	鎌倉法律事務所（神奈川県弁護士会）／弁護士

第1章

破産事件ストーリー

【事案の概要】

池田富男（69歳　昭和28年４月８日生まれ）

60歳までは自営業（一人親方）現役で働いていたが、飲酒運転で免停になったことをきっかけに仕事を失い、当時の債務（仕事に必要な車のローンや仕入れた材料の支払い、生活費）を支払うことが難しくなり、61歳で破産し、免責許可決定を得ている。免責許可決定を得た後、警備員の仕事をして生計を立てていた。66歳で妻と死別し、その後、仕事帰りにパチンコに行くようになる。パチンコをするようになったことで、警備員の仕事が少ない月に生活が苦しくなり、消費者金融から借り入れをしてみたところ、借りることができた。69歳で、警備員の仕事中に脳梗塞で倒れる。倒れて入院した際に貯金がほとんどなく、病院の医療ケースワーカーが生活保護につなぐ。退院後も左半身にまひが残り、要支援認定を受ける（要支援２）。債務額は80万円で、消費者金融とカード会社１社ずつ。

1 藤井ケアマネ、利用者の借金問題を知る

藤井聡子主任ケアマネージャーは、Ａ市の地域包括支援センターで勤務している。

令和４年７月11日、藤井ケアマネは、最近Ｂ病院から退院したばかりの池田富男さんの自宅アパートを訪問していた。池田さんは、同年４月に、警備員の仕事中に脳梗塞で倒れて約２か月、Ｂ病院に入院していた。Ｂ病院への入院の時点で、池田さんの貯金はほとんどなかったため、Ｂ病院の医療ソーシャルワーカーの浅野さんが池田さんを生活保護につなぎ、また、退院後の生活のために、Ａ市の地域包括支援センターとも連携して、入院中に要介護認定調査やケアプランの作成といった退院調整が行われていた。

池田さんの介護認定調査の結果は要支援２。藤井ケアマネは、この日、池田さんの介護予防サービス計画のケアプランのモニタリングのため、池田さんの自宅アパートを訪問していたのである。池田さんは、脳梗塞の後遺症で左半身にまひが残ったことでかなり塞いでいたが、入院中から熱心に関わってくれた藤井ケアマネにはある程度心を開いてはいた。

藤井ケアマネは、池田さんの退院後の生活状況や現在受けているサービスが池田さんのニーズに合っているか等について、やや投げやりな池田さんからも丁寧に聞き取りを行っていた。その聞き取りの中、ふと、藤井ケアマネがテーブルの隅に目をやると、積み重ねられた郵便物の中に、【至急開封】【重要】といった赤い文字と、○○法律事務所の文字が印刷された封筒があることに気が付いた。

藤井（…法律事務所からの郵便って、何かの請求かしら、自宅訪問前に生活保護課と電話した時は借金とかの話は出ていなかったような…ちょっとご本人に事情を聞いてみよう。）

藤井　池田さん、ごめんなさい、今、ちょっとそこの郵便物が目に入ってしまって。法律事務所から重要な郵便物が来ているみたいですが、なにかそのことで困ってらっしゃることはありませんか。

藤井ケアマネが穏やかに池田さんに声をかけると、池田さんはしばらく押し黙った後、

池田　…まあ、倒れる前に、ここ１、２年、●●（消費者金融）と▲▲カード（カード会社）からちょこちょこ金を借りとって。今は7、80万くらいかな。退院して郵便受け開けたら、どちらからもいろいろ郵便が来とった。そのなんとかいう法律事務所からのは、▲▲カードのやね。今の状況じゃどうもできんもんで放ってあるけど…電話もかかってくるし、なるべく取らんようにしとっても、やっぱり電話が来るのは参るわ。

と肩を落としてぼそぼそと話した。

藤井（やっぱり請求だったのね、生保のケースワーカーさんからは聞いてなかったな…）

藤井　お話してくださってありがとうございます。請求が来るのはお辛いですよね。生活保護のケースワーカーの鬼頭さんには、こういう請求があることお話しされていますか。

藤井ケアマネが確認すると、池田さんはバツが悪そうに

池田　…ちょっとね、借金の話は自分からはしづらくて、話してないね。どうせ、破産する金もないし、もう、放っておくしかないやろ。

と投げやりに答えた。

破産するためのお金がないから放っておくしかない、と嘆く池田さんを見て、藤井ケアマネはある弁護士のことを思い浮かべていた。

藤井（破産するためのお金か…確か、低所得の人は、法テラスという機関が弁護士費用を立て替えてくれるのよね。立て替てもらったお金を後からは払わないといけないのなら、それでも生活保護の池田さんには大変だろうけど、生活保護なら免除とかありそうよね。先月うちに研修に来てくれた弁護士の細田咲江先生、話しやすそうだったし、利用者さんに法律問題があったらつないでくださいねって仰ってたし…生活保護の方の債務整理について聞いてみようかな。）

藤井　池田さんは、請求が来ることに困ってらっしゃいますよね。弁護士費用の問題さえ何とかなれば、借金の問題を解決したいのではないでしょうか。法テラスってご存じ…

藤井ケアマネがそう投げかけると、池田さんは

池田　法テラスなら知っとるよ。弁護士に払う金を立て替えてくれるんやろ。それは知っとる。でも、自分の場合は、あかんのよ。

と藤井ケアマネを遮るようにそう言った。

藤井　あ、法テラスについてはご存じなんですね。失礼しました。池田さんの場合はだめだというのは、なにかご事情があるのでしょうか。もしよろしければお話だけでも聞かせていただけませんか。

なおも話を聞かせてほしいという藤井ケアマネに、池田さんは、

池田　…裁判所に払う金がない。

とぽつりと言った。破算にかかる費用といえば弁護士費用のことだとしか思っていなかった藤井ケアマネは、【裁判所】という予想していなかった言葉に戸惑った。

藤井　弁護士費用ではなくて…裁判所に払うお金？？

意味を掴みかねている藤井ケアマネに、池田さんはぽつぽつと話し始めた。

池田　…実は、前にも、法テラス使って破産したことあるんだわ。そん時は、自営やっとった人間は裁判所に納める金が余分にかかる、その金は法テラスが使えんから貯めてもらうしかないと頼んだ弁護士に言われてね。弁護士に駆け込んだころには、もう電気工の仕事は辞めとったから、清掃の仕事やらなんやらやって、亡くなった女房も働いてね。20万ちょっとだったかな、なんとか貯めて裁判所に納めたんだわ。あんまり長いことは待ってもらえんくて、積み立てるのも大変やったんでよう覚えとる。なんとか納めたと思ったら、頼んだ弁護士とは違う、管財人とかいう弁護士に説教されてね、それでどうにか破産したのよ。体さえ思うように動けばなんでもやってどうにかするけど、この状況じゃあね。藤井さんたちにも世話かけて、倒れたまんまぽっくり女房のとこまで逝ければ良かった。

藤井ケアマネは、自嘲気味に語る池田さんの話を頷きながら聞いた。池田さんのフェイスシートを作成する際、池田さんが、もともとは一人親方の電気工として40年以上働いていた個人事業者だとは聞いていた。ただ、自営業者をしていた人は裁判所に納めるお金が余分にかかるとか、そのお金は法テラスから立替をしてもらえないといったことは全くの初耳だった。藤井ケアマネは、仕事の中で、利用者の債務問題について耳にすることはあったが、一度破産したことがある人が、もう一度借金をして、その借金を返せなくなったらどうなるのかは、考えたことがなかった。

藤井（池田さんは過去に法テラスを利用した自己破産を経験していて、その時に法テラスでは立て替えてもらえない「裁判所に納めるお金」のことがあったから、借金問題を解決することをあきらめていたのか…確かに、生活保護の池田さんが、これから20万円以上のお金を短い期間で貯めるのは無理だけど…なんとかならないのかしら。そもそも、２回目だと１回目と何か違うのかな…やっぱり、細田先生に聞いてみよう。）

藤井ケアマネは、池田さんの表情や声の調子から、池田さんが脳梗塞で倒れたことで働けなくなり、借金を返すことができなくなっただけではなく、その借金問題を解決することすらできないと無力感を感じており、そのことが池田さんの生きる気力を大きく損なっていると分析した。福祉職として池田さんの意欲低下の背景である借金問題の解決にもなにかしらの支援ができないだろうかと、まずは、他の専門職である細田弁護士に池田さんをつなぐことを考えた。

藤井　そうだったんですね、お話してくださってありがとうございます。確かに20万円以上のお金を短い期間で貯めるのは難しいですよね…でも、今の池田さんは自営ではないですし、脳梗塞で倒れたという事情もありますし…それでも必ず20万円以上かかったりするのでしょうか。うちの包括でもお世話になっている、話しやすい弁護士の先生を知っているので、もしよろしければ、今のお話を、私から先生にさせてもらってもいいでしょうか。裁判所に納めるお金の話だけでも確認してみていいですか。

弁護士に「裁判所に納めるお金」のことについて聞いてみるという藤井ケアマネに池田さんは、逡巡した。

池田　…弁護士か…そりゃ、借金のことは解決したいけど…説教されるのもかなわんな。自分は２回目やしね、破産したんやから、もう借金するなって口酸っぱく言われたし…なのになんで借りたんや、ってなるやろ。

池田さんは、「管財人」の弁護士に説教されたことを思い出しているようだった。池田さんは、お金のことだけでなく、「２回目の破産」であることで、叱責されるのではないかと不安になっているようだ。藤井ケアマネは、また細田弁護士を思い浮かべた。「２回目の破産」が初回の破算と法的にどう違うのかは分からないが、細田弁護士が、２回目の破算だからと言って、脳梗塞で働けなくなって気落ちしている池田さんを説教するとは思えなかった。

藤井　返せなくなったのは、急に脳梗塞になってしまったからですよね。最近まで働いていらしたのが、働けなくなってお辛い想いをされているのはよく分かります。お話ししようと思っている弁護士、あ、細田咲江先生って言うんですけど、細田先生はそんな池田さんにお説教なんてしないと思います。

　返せなくなったのは脳梗塞のせい、だから、池田さんは説教なんてされないという藤井ケアマネに、池田さんは一瞬、苦笑いのような表情を浮かべた。しばらく押し黙っていた池田さんは、それでも、藤井ケアマネの熱意にほだされたのか、「裁判所に納めるお金」のことについて細田弁護士に聞いてみることについては同意した。

池田　…まあ、藤井さんがそこまで言うんなら、裁判所に払う金のことは聞くだけ聞いてもらおうかな。

　こうして、藤井ケアマネは、池田さんの自己破産の費用、特に【裁判所に納める費用】について確認すべく、細田咲江弁護士の事務所に電話をしてみることになった。

❷ 藤井ケアマネ、細田法律事務所に電話する

　池田さんの自宅を訪問した翌日、A市地域包括支援センターに出勤した藤井ケアマネは、先月の研修で貰った細田咲江弁護士の名刺を取り出し、細田法律事務所に電話を掛けた。

小栗（細田法律事務所事務員）　はい、細田法律事務所でございます。

藤井　A市地域包括支援センターの主任ケアマネの藤井です。細田先生いらっしゃいますか。

小栗　細田に代わりますので少々お待ちください。

　細田法律事務所の事務員の小栗は、保留音を押して細田を呼び出し、藤井ケアマネからの電話をつないだ。

細田　お電話代わりました、細田です。いつもお世話になっております。

藤井ケアマネは穏やかな細田の声にほっとしつつ、池田さんの状況について説明を始めた。

藤井　細田先生、いつもお世話になっております。先日はうちの職員向け研修講師をしていただきましてありがとうございました。今回、うちが関わっている、池田富男さんという、最近、要支援２の認定を受けた69歳の独居の男性についてのご相談なのですが、この方、借金がおありで、訪問した際に法律事務所からの督促状が届いていたのです。本人はカード会社の督促と仰ってました。カード会社と消費者金融から借り入れがあって、どちらからも督促があるようです。

細田　カード会社と消費者金融から督促状があるのですね。今の金額や、どこからのいつ頃の借り入れかはわかりますか。

藤井　借り入れしたのはここ１、２年だって仰ってました。今の金額は７、80万くらいだそうです。債権者は●●と▲▲だそうです。ご自宅で法律事務所からの封筒が目に入って、心配になってご本人に聞いたところ、今の状況では払えないのでどうにもできずに放ってあるけれど、最近は電話もあるのが参る、と仰っていて。それで、放っておいてもいいものなのか、すぐに対処しないと大変なことにならないかと心配になり、先生にお電話させていただきました。

細田　放っておくと裁判所に訴えられたり、預金の差押を受けたりするので、ずっと放置するのは良くないですが、裁判所からの書留郵便が来ていないのであれば、今すぐに差し押さえられるようなことはないですよ。カード会社等が法律事務所に請求を依頼するのはよくあります。ご本人も、支払えずに請求に参っていらっしゃるようなので、債務整理は必要そうですね。池田さんの収入について教えていただけますか。

藤井　今年の５月から生活保護を受給されています。もともとはずっと自営だった方みたいで、年金は国民年金だけで。

細田　生活保護を受給されているのなら、自己破産という方針になってくると思います。年金が国民年金だけだと満額でも６万数千円くらいですよね。生活保護を受給されるまではどうやって暮らされていたかはおわかりですか。

藤井　４月までは警備員のお仕事をされていたみたいです。仕事中に脳梗塞で倒れられてそのまま入院されました。その時貯金もほとんどなく、病院の医療ソーシャルワーカーが動いて生活保護につながりました。退院後も、左半身に若干、麻痺が残ってお仕事が難しくなって、要支援２の認定を受けています。生活保護受給中の方なので、自己破産に法テラスを利用することになるかと思うのですが、先生にお願いする場合、法テラスって利用できるんですか。

細田　大丈夫ですよ。私も法テラスと契約していますので、法テラスが弁護士費用を立て替えてくれます。事件終了後も生活保護受給中なら、立替金の償還についても、免除申請して免除を受けることができます。免除申請はご本人にやっていただく必要がありますが。

藤井　それは、法テラスに立て替てもらったお金を払わなくて良くなるということですか

細田　そうです。通常は、立て替えてもらった弁護士費用を法テラスに分割で払っていくのですが、生活保護受給中の方は、その支払いも免除を受けられるということですね。

藤井ケアマネは、生活保護受給中なら弁護士費用の立替金の免除を受けられると聞いてほっとすると同時に、まだ肝心なことを聞けていないことに気が付いた。自己破産という、言葉はよく耳にするものの、その中身をよく知らないことに関して、質問をするのも難しいなと藤井ケアマネは感じた。

藤井　やっぱり、生活保護受給中の方は免除があるのですね。良かったです。それと、長くなってすいません、もう一つ、教えていただきたいのですけど、実は、池田さん前にも破産されたことがあって。その時に、弁護士費用のほかに、「裁判所に納めるお金」が20万円以上かかって、そのお金は法テラスで立て替えてもらえなくて苦労した、って仰っていて。今回はその裁判所に納めるお金が用意できないからどうしようもない、って言

われるのです。でも、借金があって督促があることには、かなり落ち込んでもいらっしゃるんですよね。池田さん、今回も、弁護士費用とは別に20万円以上のお金ってかかるんですか。

池田さんが前にも破産したことがあるという情報に、電話の向こうの細田弁護士の表情は少し曇った。

細田　前に破産されたことのある方ですと、かなりの確率で、管財人が選任される管財事件になりますので、「裁判所に納めるお金」、予納金といいますが、これは20万円以上かかると思います。一般には、予納金は法テラスで立て替えてもらえないのですが、生活保護受給者の方については、法テラスが20万円まで代わって予納してくれます。

藤井　良かったです！池田さん、その予納金のことで諦められていたので！

細田　ただ、初めての破産ではないとなると、前の破算との事情の違い等をかなり詳しく説明する必要がありますし、前の破産から時期が近すぎると裁判所が免責を認めず、借金がチャラにならない場合もあるんです。池田さんが前に破産されたのがいつかはご存じですか。

前の破産から時期が近すぎると免責が認められないことがあるとは初耳だった藤井ケアマネは焦った。それなら、前の破産がいつかは重要な情報だが、それについては聞いていない。藤井ケアマネは、池田さんが、「自営だから裁判所に納めるお金が20万円以上かかる」と言っていたことを思い出しながら、池田さんの職歴を確認しようと池田さんの記録をめくった。

藤井　前に破産された時期ですか…ごめんなさい、そこは聞けていなくて…でも、フェイスシートによると警備員の仕事は確か７、８年されていて、その前に自営業されていて…一人親方で電気工されていて…あ、前に破産した時に、自営業やってたから裁判所に納めるお金が余分にかかったって仰ってました。破産する時には自営のお仕事はもうやめていて、その時は清掃の仕事をしてたって仰ってたから、警備員の仕事をされるより前じゃないかと思います。

細田　なるほど、では、前回破産された後に警備員の仕事につかれて、その職歴が７、８年あるんですね。破産手続中は警備員の仕事就けないですしね。そうすると、前回の破産事件が終わってから、７年以上は経っているようですね。それは良かったです。免責については、７年経っているかどうかが重要なんですよ。いずれにしても、ご本人から、前回の破産と、今回お金を借りてしまった事情、いずれも詳しくお聞きする必要があります。前回の破産から７年以上経っているようですし、２回目だからといって、免責を受けられないことはないのですが、やはり、１回目よりはハードルが上がって。「裁判所から選ばれた管財人」にも、破産に至った事情を詳しく説明したり、破産後の生活状況を報告したりしないといけないことが多いんです。

藤井　ご本人がそのあたり、いろいろお話しないといけないんですね。池田さん、２回目だから、なんでまた借りたんだって説教されるんじゃないかって心配を…あ、細田先生はそんなことなさらないから大丈夫、って伝えたのですが、前回の破産の時に管財人？の弁護士に説教されたとかで。

細田　貴重な情報ありがとうございます。前の破産の時にそういう経験をされているのですね。管財人はご本人が選べないので、そういうことがまたないとは言えませんが、ご依頼いただけたら管財人対応も含めてフォローしますよとお伝えください。

藤井　ありがとうございます。法テラスを利用する場合、まず法テラスに行く必要がありますか？

細田　法テラスと契約している弁護士の事務所、つまりうちの事務所で大丈夫です。法テラスに行かれる必要はありません。

藤井　法テラスには行かなくていいのですね、では一度、池田さんとお話してみて、日程調整して先生の事務所にお連れすれば良いですか。

細田　はい、是非そうしてください。藤井さんもご同行してくださるんですね。

藤井　そのつもりです。池田さんとお話して、またご連絡します。お伺いする際はどんなものを用意すればよいでしょうか。

細田　そうですね、借金の内容が分かる資料、財産や収入に関する資料が必要なので、まずは、請求書や督促状、預貯金の通帳、生活保護受給証明書か生活保護決定通知書、年金振込通知書をご用意いただければと思います。それから、残っていればですが、前の破産の時の「免責許可決定」についての書類があると助かります。また、前の破算に関して関係ありそうな資料はまとめて持ってきてください。それと、池田さんは、お住まいは賃貸ですかね。

藤井　はい、B町のアパートにお住まいです。

細田　それでは賃貸借契約書もお願いします。あとは、要支援２であることが分かる認定結果通知ですかね。それから、ご依頼いただく場合には委任状にハンコを押していただく必要があるので、印鑑をおねがいします。

藤井　了解しました。池田さんとお話して、またご連絡させていただきます。

細田　はい、ご連絡お待ちしています。それでは失礼いたします。

電話を切った細田弁護士は、藤井ケアマネと電話しながら取ったパソコン画面上のメモを見た。池田さんは現在69歳で、今年の４月まで警備員として働いており、警備員歴は７、８年あり、借り入れはここ１、２年。通常通り、65歳から年金を受給していたとすれば、年金が入ってくるようになってからの借り入れだ。

細田（ご本人が「説教される」、って気にしているのも含めて、借り入れの理由が気になるわね。２回目でもあるし、借り入れ理由を丁寧に聞かなきゃね。）

細田弁護士は、池田さんについてのメモに、

> 年金受給後の借入か？借り入れ理由を丁寧に確認（本人は説教されるのではと不安）

の一行を加えた。

❸ 藤井ケアマネ、池田さんと資料を探す

池田さんの最大の懸念点であった「裁判所に納めるお金（予納金)」の問題が、生活保護受給中の池田さんについてはクリアできることが分かり、藤井ケアマネはほっとした。一方で、細田弁護士とのやり取りから、自己破産をしようとすると、「裁判所」にかなりいろいろなことを説明しなければならないのだろうなとなんとなく感じた。

「管財人」という弁護士の役割も藤井ケアマネにはまだ良く分からない。池田さんの破産事件が「管財事件」になったら、「管財人」にも、借金をした事情をいろいろと説明しなければならないのだろうが、奥様を亡くしてから脳梗塞になって体が不自由になった池田さんに寄り添ってくれる弁護士が「管財人」になるといいなと藤井ケアマネは思った。

藤井ケアマネは早速、予定を調整して池田さん宅を訪問し、「２回目の破算なので、管財事件になる可能性は高いが、生活保護受給者の場合は、裁判所に納める予納金も法テラスに立て替えてもらえる」との情報を伝えた。「予納金が立て替えてもらえない」という印象が非常に強かった池田さんは、予納金も立て替えてもらえることに驚いたようだった。

それでも、やはり２回目の破算で管財事件になる可能性が高いという点で、「説教」への不安はあったようだが、藤井ケアマネが細田弁護士からの丁寧な説明があったことや、管財人対応もフォローしてもらえること等を聞いて、借金の問題を解決する意欲が出てきたようだった。池田さんは、ぽつりと娘さんに対する想いを口にした。

池田　裁判所に納める金のことがあるで、無理やと思いこんどったけど…それも出してもらえるなら、さっぱりしといた方がええか。いつ何があるか分からんし、死んでから嫁いだ娘のところに、親父が借金しとったって連絡いくようなことになってもあかんしな。これまでもいい加減、心配かけとるし。

藤井ケアマネは、池田さんのキーパーソンである一人娘の川島恵さんを

思い出した。Ａ市と隣接するＣ市に嫁いでいる。小学生と保育園児のお子さんがいて仕事もあるので、父の介護は行政にお任せするしかない、と話していたのを思い出す。それでも、恵さんは、池田さんの入院時にお見舞いに来た際、この機会にと池田さんにLINEを始めさせ、友達登録した。恵さんは、母親である由紀子さんとはよく連絡を取っていた。由紀子さんが亡くなってからしばらくは時折顔を見せには来ていたが、コロナ渦が始まって訪問は途絶えていた。心配はしつつも、父である池田さんと連絡を取ることはあまりなかったそうだが、最近は、ちょくちょくLINEをしてきてくれるらしい。

借金のことを解決した方が、娘さんとも気持ちよく話せますよね、と藤井ケアマネは池田さんに声をかけ、細田弁護士から聞いた、自己破産の打ち合わせをするにあたって必要な資料についても説明した。

池田さんは、前に一度経験していることもあり、「やっぱり、そういうもんが要るわなあ」と飲み込んでくれた。財産もわずかな預貯金しかなく、収入も生活保護と年金だけの池田さんが用意しなければならない資料の多くはすぐに揃った。

ただ、免責許可決定等の前の破産の時の資料についてはやや骨が折れた。

池田さんが66歳の時、妻の由紀子さんは心筋梗塞で急死した。池田さんは、由紀子さんの死後、由紀子さんのパート収入が無くなってしまったこともあり、家賃の負担を下げるため、それまで二人で暮らしていた2DKの物件から、現在の1Kのアパートに引越していた。引越しの際に処分した物も多い。前の破産の時の資料は、捨てた覚えはないものの、どこにしまったのかは分からなくなっていた。

池田　免責してもらった時の書類は、大事なもんやで捨てとらんとは思うんやけど…あん時破産を頼んだ弁護士の名前はなんてったかな…

捨ててはいないと思うが、どこにあるかは分からないという池田さんと一緒に押し入れの中を捜索すると、押し入れの奥にあった、【重要書類】とマジックで書かれた、いくつもの封筒が入った紙袋の中から、「弁護士法人牧村法律事務所」と印字された封筒が出てきた。封筒には４人の弁護士名がチェックボックスとともに印字されていて、その中の小野道治弁護士に☑（チェック）が入っていた。

池田　あー、そうだった、小野だった。事務所に持ってったものやら、弁護士からもらったものとか、ここの事務所の封筒に色々入れたんや。

法律事務所の封筒には様々な書類が入っているようだった。

池田さんと一緒に封筒の中の書類を確認すると、小野弁護士からの手紙や当時の池田さんの確定申告書の控え等の書類に混ざって

主文　破算者について免責を許可する

と書かれた平成26年８月21日付の書類が見つかった。タイトルに「決定」とあるし、裁判所や裁判所書記官の名前もある。細田弁護士が言っていた、免責許可決定という書類はこれだろうと藤井ケアマネは思った。また、免責の決定が８年以上前であることにもほっとした。

池田　これや。免責になった証拠なので取っておくように言われたわ。

藤井ケアマネは、前の破算に関係しそうな資料はまとめて持ってきてくださいという細田弁護士の言葉を思い出した。前回の破産の事情も詳しく説明しなければならないということだから、資料は多い方がいいだろう。

藤井　あって良かったです！細田先生、前回の破算に関する資料はまとめて持ってきてくださいって仰っていたので、封筒ごと持っていきましょう。

藤井ケアマネは、細田法律事務所への訪問日についてはどうしますかと池田さんに尋ねた。

池田さんは、デイサービスのない日はほとんど家にいるので、その曜日さえ外してくれれば合わせるとのことだったので、藤井ケアマネが細田弁護士の事務所に予約をし、その日程をすぐに池田さんに伝えることになった。

❹ 細田法律事務所での、初回打ち合わせ（7月25日）

初回打ち合わせの日となった７月25日、藤井ケアマネと池田さんは、細田弁護士から指示された書類を持って、細田法律事務所を訪問した。

細田　暑い中ありがとうございます。どうぞおかけください。弁護士の細田咲江です。こちらは事務員の小栗です。よろしくお願いいたします。

会議室の椅子に腰かけながら、池田さんは細田弁護士に応えた。

池田　池田です、今回はお世話んなります。脚が思うようにならんくなって、80万かそこらやけど、仕事できんくなって貯金もないわで借金も返せんで…返せんのに請求が来るのに参っとって…。

池田さんは、腰かけるとすぐ、持参した資料の中から、●●や▲▲カードの請求関係の書類を細田弁護士に手渡した。

池田　請求書を持っとるのも嫌なもんで預かったってください。弁護士さんにお願いすると、請求来なくなるのは、前に破産した時もほんまにありがたかったけど、自分みたいに２回目でも破産できるもんでしょうか。

池田さんは、２回目の破産に不安が残る様子だった。

細田　破産法に破産する回数についての回数制限はないので、２回目だからできない、ということはありません。私も２回目の破産を扱い、免責をもらったことはあります。ただ、最初の破算で免責許可決定が出て、それが確定してから７年以内に免責許可の申立てをすることも免責不許可事由とされている関係で、７年以内かどうかで免責をもらう難易度は違ってきます。前に破産した時の事情と、今回の破産の事情との違いも重要です。藤井さんから、ご予約のお電話の際、平成26年に出ているとお聞きしていますが、免責許可決定を確認させていただいてよろしいですか。他の資料も順番に確認していきますね。

細田弁護士は、池田さんから差し出された残りの資料の中から免責許可決定を取り出し、その日付と「理由」の記載を確認した。日付は平成26年８月21日で決定から８年以上経過している。「理由」には、本件につき、破産手続開始の決定に至った経緯その他の一切の事情を考慮すれば、破産者に経済生活の再生の機会を与えるため、免責を許可するのが相当である。

と記載されていた。細田弁護士は、池田さんに

細田　免責許可決定が平成26年８月だから、もう確定から７年以上は経ってますね。探していただいてありがとうございます。

ただ、２回目の破産の場合、前の破算との事情の違いを説明しないといけません。また、「債務増加の経緯」という、どうして債務が増えてしまったのかの事情も説明しないといけません。

法テラスに援助申込みをする際にも、「債権者一覧表」や「債務増加の経緯」をつけないといけないので、まずは、債権者がどこなのか、どうして借り入れをされることになったのかをお聞きしていきますね。お持ちいただいた最近の請求書によると、…●●が残約30万円、▲▲カードが約50万円ですね。▲▲カードは借入金と立替金ですかね。この他に、池田さんがお金を払わなければならないところ、ご家族とかご友人とかも含めてありませんか。また、「借りた」お金以外にも、滞納した携帯料金とか、家賃とか、「支払わなくてはいけない」お金があったら、教えてくださいね。」

と声をかけた。

池田　●●と▲▲カードの他は今はない。前には収入が少なかった月に知り合いに借りることあったけど、そういうのは給料日には返しとった。家賃や携帯や光熱費も、そういうもんは遅れんようにしとったし。倒れんかったら払っていけたんやけど。

細田　確か警備員のお仕事をされていたんですよね。警備員の収入は、月にどれくらい収入がありましたか？

池田　波があるけど、月に17～22万円くらいやったかな。

細田弁護士は、池田さんの持ってきた資料の中から年金振込通知書を取り出した。

細田　あと、年金が月６万４千円くらいありますよね。少なかった月でも

今の保護費よりは稼いでいらっしゃって、年金を合わせればお一人暮らしはできるかな、と思いますが、なにかお金が足りなくなる事情はありましたか。

池田　…稼げた月でも貯めたりができんくて、収入が少ない月が年金の入らん月と重なると足らんくなって…

細田　収入の波があると、家計管理も大変ですよね。ところで、池田さんが●●からお金を借りたのはいつですか。

池田　●●から借りたのは２年くらい前やと思う。前に破産しとるでどうかと思ったけど、無人の契約機で借りれてまったもんで

細田　お話しにくいかと思いますが、どうして借り入れをされることになったのか、教えていただけませんか。

池田　…女房が生きとったころは、前の破産の後、二人でやり直そうって、女房がやりくりしてくれとったんやけど、急に逝ってまったもんで…独り身になると、やりくりもできんで…

細田　…前回の破産の後、前向きにお二人でやり直そうとされていたのに、奥様がお亡くなりになってしまったんですね。それはとてもお辛かったですね。奥様が亡くなられたのはいつかや、ご事情を聞かせていただけないでしょうか。

　ここで、細田弁護士と池田さんのやり取りを聞いていた藤井ケアマネがおずおずと声をかけた。

藤井　あの、細田先生、もしかして何かの役に立つかと思って、池田さんのご家族の関係図（ジェノグラム）を書いてきたんですけれど…池田さん、細田先生にお見せしてもいいですか。

　池田さんは、藤井ケアマネに、

池田　自分では上手いこと説明できんで頼むわ

　と言って頷いた。

　藤井ケアマネは池田さんのジェノグラムを細田弁護士に渡した。

細田　ありがとうございます！資料を初回からこれだけ持ってきていただ

いたことといい、本当に助かります。

藤井ケアマネは、本当に助かる、と頭を下げる細田弁護士に誇らしい気持ちになった。そして、自己破産というお金の問題の解決についても、本人の家族関係や、誰がどのように家計管理をしていたかといった、本人の生活に関わる情報も必要になるのだな、と感じていた。

細田弁護士は、藤井ケアマネ作成のジェノグラムと、賃貸借契約書や預金通帳などの資料を交互に見た。池田さんの妻・由紀子さんの死亡時期（令和元年８月20日・享年63）と、池田さんが現在のアパートの賃貸借契約書の日付（令和２年１月９日）と家賃の額（共益費込み３万７千円）を確認した。

細田　奥様が亡くなられて、それで、今のアパートに引越されたのですね。家賃の問題でしょうか。

池田　前んとこは８万以上しとったし、女房もパート行っとったからやってけたけど、自分だけになってまったもんで…

細田　●●から初めて借りられたのは２年前でしたよね。奥様が亡くなられて、しばらく家賃８万以上のところに住んでいた期間、令和元年の９月から12月までの期間の生活費や、お引越しの費用は借り入れをしなくても賄えてたんでしょうか。

池田　…前に破産してから、女房がコツコツ貯めてくれとって…前の破産はほんまに運が悪かったんやけど、それから孫も生まれて…自分も今はこんなんやけど、身体は頑丈やったで、雨でもなんでも働いたし、女房も学童保育でパートしとってね。二人で、たまに孫が来るの楽しみに、贅沢できるわけやないけど金には困らんとやっていけとったんや。自分の年金が出るようになってからは、貯金も増やして…。アイツも年金出るようになったらまた楽になるなって話とった矢先やった。心筋梗塞で逝ってまった…

細田弁護士は、質問に対して正面から答えず、話がずれていく池田さんを制止せず、頷きながら聞いていた。

細田（前回の破産後は、お二人でつつましく、幸せに暮らしてたのね。それが、８万以上の家賃のところから、３万７千円のところに「引越したより後」に、お金を借りなきゃいけなくなった。奥さんがコツコツ残してた貯金も尽きちゃった。これは、池田さん的には、かなり言いにくい事情で借りてしまったのね。）

細田弁護士は、池田さんに、どう水を向けようか考えた。

細田　お辛かったのに、収入の範囲内で生活しようと考えられてお引越しをされたんですね。それが、引越し後に、●●から借り入れをすることになってしまったんですよね。何か、お金が足りなくなるような生活の変化がありませんでしたか。何に使われてお金が足りなくなったのでしょうか。

お金の使い道について細田弁護士に聞かれた池田さんは、

池田　…生活費じゃ、あかんかね。

と小さな声で答えた。

細田　そうですね、前にも破産されているのでご承知だと思いますが、破産の申立ての際、通帳のコピーを提出しないといけないですよね。今、通帳を見せていただいているんですが、家賃、光熱費、携帯代の引き落とし等を見せていただいているんですが、それぞれそんなに多くないんですよね。

私も、管財人をすることがあるんですが、この収入と引き落としの数字を見ると、抽象的に「生活費に使いました」という説明だけだと、生活費の具体的な中身はなに？って、管財人はいろいろ聞いてくることになると思います。

破産の免責って、言いにくい事情でお金を使ってしまったとしても、そのことをきちんと説明していれば、よほどのことがない限り大丈夫なんです。でも、破産の原因について裁判所や管財人に対して事実と違う説明をしたり、説明を拒否したりすることも、免責不許可事由になっちゃうんですよ。

池田さん、債務の金額は多くないですし、何に使ってしまってしまったのか、きちんと説明すれば、管財人にもよりますけど、むやみにお説教されるようなことはないと思います。私も管財人をする時に、そこで怒ったりはしません。それで怒るような管財人がついたら私もフォローします。でも、抽象的に生活費で使ったというだけの説明だと、管財人が疑問を感じて、いろいろ質問をされると思いますし、それに答えないと、怒られたり、免責が認められないことになりかねないんですよね。免責のことをおいても、今後、お金の使い方で困らないように、お話していただけないでしょうか。

どうして警備員のお仕事をされていて、年金もあって、家賃もかなり抑えた物件に引越されてから、お金が足りなくなってしまったのか、今後、お金の使い方で困らないようにどうしていけばいいか、考えていきたいと思っています。

池田さんは、通帳からの引き落とし額や振り込まれている収入の額は抑えつつ、穏やかに話しかける細田弁護士に、

池田　…馬鹿な無駄遣いをしたとは思うてます。

と蚊の鳴くような声で答えた。

細田弁護士が穏やかに池田さんに語りかけるのを聞きながら、藤井ケアマネは、破産手続というのは、借金をただチャラにするのではなく、今後、同じことを繰り返さないようにするためにも、本人にきちんと借りたお金の使い道等を説明させることを重視しているのだな、と感じていた。自己破産における免責については、【ギャンブルや浪費があると免責してもらえないことがある】ということしか知らなかったが、嘘の説明や説明を拒否することの方がより大きな問題になることもあるのだな、とも思った。

確かに、裁判所に借金をチャラにしてもらうのに、何のためにお金を借りたか等について嘘をついたり、必要な説明をしない人には借金をチャラにできない、というのは納得できる。浪費やギャンブルがあっても、きちんと説明すれば免責は受けられるということだろうか。

藤井ケアマネは、

藤井　細田先生も、管財人になられることがあるんですね。すいません、私、

良く分かってなくて。管財人って何をする人なんでしょう。池田さん、無駄遣いって仰ってましたけど、浪費があると免責されないとか聞いたことがあるんですが、無駄遣いでも、何に使ったきちんと説明すれば大丈夫なんでしょうか。

と細田弁護士に質問してみた。

細田弁護士は、藤井ケアマネと池田さんのそれぞれに目をやりながら、破産管財人について説明を始めた。

細田　弁護士の中から、裁判所が破産管財人を選ぶんですが、破産された人の財産のうち、破産しても手元に残せる財産以外の財産をお金に換えて、債権者に公平に配るのが基本の仕事なんです。だから、池田さんのように、破産しても手元に残せる財産より少ない財産しか持っていない方の場合は、破産管財人がつかない、【同時廃止事件】になることが多い。この場合、裁判所に納めるお金は１万数千円程度で済みます。

ただ、破産管財人の仕事には、財産をお金に換えて公平に配る仕事の他に、「免責観察」と言って、破産される方に免責不許可事由がありそうな場合に、免責不許可事由がないか、免責不許可事由があったとしても、破産に至った事情や破産後の生活状況等のいろんな事情を考慮すれば、【裁量免責】が認められるのではないか、といった事情を調査して、裁判所に報告する仕事もあるんですね。その関係で、破産の申立てをした際に、免責不許可事由がありそうな人は、【財産がない人でも管財事件】になることがあります。

池田さんの場合、債務の金額も多くないですし、破産に至ったのは、前回の破産の時にはなかった、脳梗塞で働けなくなったという事情が大きい。ですので、なぜ、何に無駄遣いをしてしまったか、今後は無駄遣いをしないようにどんな対策を取っているか、といった点を管財人にきちんと説明すれば、免責は大丈夫ですよ。ですので、池田さんには、どういう事情で、何に使われてしまったのか、お話していただきたいです。」

細田弁護士に改めて促された池田さんは、観念したように話し始めた。

池田さんが話した事情は以下のようなものだった。

前回の破産は、池田さんが2013年４月に、友人と久しぶりに午前様になるまで飲酒した後、自宅で一寝入りしてから、朝早く現場に行く途中に飲酒検知に引っ掛かり、酒気帯び運転で免許停止になったのがきっかけだった。車が無ければ工具等を運べず仕事にならないので、免停期間中の運転は無免許運転になることは分かりつつ、その後も車で現場に向かっていたところ、同年５月、人通りのない道での一時停止違反により、無免許運転が発覚し、免許取消処分になった。免許取消処分を受けたことで、廃業を決意せざるを得なくなり、池田さんの収入は急に途絶えた。その年２月の一人娘の恵さんの結婚にお金を使っていたこともあり、貯えはあまりなかった。収入が途絶えたところに、罰金の支払いで、貯えはすぐ尽きた。池田さんも廃業後しばらくしてマンションの清掃等のアルバイトを始めたものの、以前より収入は下がり、急に池田さんの収入が途絶えたことで借りた生活費や、残っていた車のローンや材料費の支払いをすべて行うのは難しかった。

長年続けてきた仕事が急に途絶えたことはショックだったが、嫁いだばかりの一人娘の恵さんに迷惑をかけないためにも、弁護士に依頼して破算手続をし、二人で働きながら生活を立て直した。免責を得て間もなく初孫が生まれた。免責を得たのち、池田さんは派遣の警備員に転職した。平成28年には二人目の孫も生まれた。つつましくも幸せに暮らしていたところに、令和元年８月に由紀子さんが心筋梗塞で急逝した。

池田さんは、悲嘆に暮れてふさぎがちになり、９月、10月は警備員の仕事のシフトにも僅かしか入らなかった。しかし、仲の良かった母親を亡くし、自身も辛い恵さんが、池田さんを心配して、休日に孫達の顔を見せてくれたのもあり、少しずつ気を取り直していた。

前回の破産後、由紀子さんは、池田さんの通帳を管理し、家計のやりくりをしていた由紀子さんは、池田さん名義の通帳に約100万円、由紀子さん名義の通帳にも約100万円を貯めてくれていた。

しかし、由紀子さんの葬儀費用と９月、10月に収入が少なかったことによる生活費の補填で、令和元年11月の時点で、池田さん名義の貯金はかなり減ってしまった。由紀子さんの学童保育のパート収入で家賃分を賄えていたが、今後の家賃負担を考えると、単身者用のアパートに引越しもしなければならない。持っていけない家具や遺品の処分費用、引越費用、初期費用などもあり、結局、できれば手を付けたくなかった、恵さんと二人で分けた由紀子さん名義の貯金にあったお金も使わなければならなかった。破産して借り入れができないこともあり、由紀子さんが残してくれたお金の残りには手を付けずにやっていこうと思っていた。

だがその矢先、令和２年２月にコロナが騒がれだし、孫達といつ会えるのか分からなくなった。楽しみの機会のないまま、仕事帰りに弁当を買って一人で時間をつぶすのはわびしく、かといって昔の仲間と飲みに行くこともできず、つい、パチンコに寄るようになった。打っている間は何も考えずにいられた。負けると止めようと思うものの、たまに大きく勝つ時の高揚感もあり、仕事以外の時間をパチンコでつぶすことが多くなった。

６月頃には貯金がかなり乏しくなっていた。手を付けないつもりだった貯金がなくなる前に止めようと思ったが、そんな時に、もしかして借りられるのではないか、と消費者金融の●●を利用してみたところ、10万円を借りられてしまった。

その後、消費者金融の●●から借りられたことで、クレジットカードも作れるかもしれないと考え、令和２年９月に▲▲カードも作った。日常の買い物が現金でしかできないことが、負けた後にしばらくパチンコに行かない一応のストッパーになっていたが、カード払いができることで止めにくくなった。前にも破産しており、もう破産できないから返せなくなってはいけない、という思いはあった。パチンコを止めればいいことは分かっていたが、なかなか完全に止めることはできなかった。返済が苦しかった月には、●●に相談して返済回数を増やしてもらったり、▲▲カードの支払いをリボ払いにしたりして、その日その日は回っていたが、返済がいつ終わるのか心配になることもあった。そんな中、令和４年４月に、警備員の仕事中に倒れて現在に至っている。

細田弁護士と藤井ケアマネは、頷きながら池田さんの話を聞いた。一通り語り終えた池田さんに、細田弁護士は、

細田 奥様を亡くされた後に、お孫さんたちにも会えなくなるのはお辛かったですよね。そういう時って、ほかのことを考えなくなることにハマっちゃいますよね…お話しにくいことを話してくださってありがとうございました。

と池田さんをねぎらうように声をかけた。

池田さんは、うつむいていた顔を上げて、

池田 情けない話やのに、ほんとに先生は怒らんのやなあ。

とつぶやいた。細田弁護士は、

細田 お話しにくいことを話してくださったのに、怒ったりしませんよ。これまで不安でしたね。受任通知を出せば債権者からの請求はなくなりますから、落ち着いて、今後、どうやってお金を管理していくか考えていきましょう。

と言って池田さんに笑顔を向けた。

細田 すいません、今日はもう２時間近くも経っちゃったから、次の打ち合わせの日程を決めましょう。小栗さん、池田さんが持ってきてくれた資料のコピーをお願い。

事務員の小栗が資料をコピーしている間に、細田弁護士は、破産申立てについての委任状や、今後、池田さんに作成してもらう【家計の状況】という資料についての説明、次回までに準備してもらいたい資料についての説明を始めた。

細田 こちら、破産申立てについての委任状になります。今日の日付と署名押印をお願いします。また、前の破産の際にも作られたと思いますが、来月、８月１日から、家計の収支表を作成していただきたいのでお渡しします。この【家計の状況】という書面になります。記入に分からないとこ

ろがあればお問い合わせくださいね。おそらく管財事件になりますから、手続が終わるまで、毎月、作成してください。お手数ですが、これから、レシートは封筒にまとめて入れる等して取っておいてくださいね。ちゃんと収入の範囲内で暮らしています、ってことを示す大事な資料なので、頑張ってくださいね。

と声をかけた。

そして、次回の打ち合わせ日となった８月25日までの宿題と持参物として、

- 通帳（来所前に必ず記帳をお願いします。）
- 由紀子さんの葬儀の際にかかった費用の領収書等、葬儀費用が分かる資料
- 由紀子さんの預金を相続して取得した金額が分かる資料（過去の通帳）
- 令和２年度、令和３年度の源泉徴収
- 銀行印（法テラスの手続用）

と記載したメモと、「家計の状況」と題した家計収支表の書式を数枚、池田さんに手渡した。

池田さんは、「家計の状況」を手に取って、

池田　前ん時は女房が頑張ってくれたもんで…レシートは取っとくようにします。適当な封筒、あったかな…

と少し不安そうに答えた。

細田　収入は保護費と年金なので数字がちゃんと出ますよね。支出も口座引き落としのものは数字が分かりますよね。その残りを何にいくら使っているかを、貯めたレシートから家計の状況を作りながら把握していきましょう。レシートがあれば大丈夫ですから。封筒、お渡ししますので、こちらに入れていってください。

藤井　池田さん、ヘルパーの河野さんにも、家計管理のためにレシートをためていることを共有しておきますね。

池田　お願いするわ。声かけてもらえた方が、忘れんですみそうや。

細田　助かります。家計の状況はとても重要な、必ず作らなければならない書類なので。

細田法律事務所での打ち合わせを終えて、藤井ケアマネと池田さんが帰ると、細田弁護士は、事務員の小栗に、●●と▲▲カードに対し、池田さんの破産手続開始申立事件を細田弁護士が受任したことを知らせ、池田さんとの取引履歴の送付を依頼し、さらに今後は本件に関する連絡は一切、細田弁護士に行うよう求める内容の【受任通知】の作成を指示した。

5 細田法実事務所での、第２回打ち合わせ（8月25日）

前回の打ち合わせ後、第２回打ち合わせまでに、受任通知を送った●●と▲▲カードから、池田さんの取引履歴は届いていた。細田弁護士は、この取引履歴と初回打ち合わせの際に作成したメモを基に、池田さんについての債務増加の経緯と債権者一覧表を完成させていた。

送られてきた取引履歴によると、債権額は●●が29万9500円、▲▲カードが52万794円で合計額は82万294円だった。

第２回の打ち合わせも、藤井ケアマネは池田さんに同行した。当初は、初回つなぐだけのつもりだったが、この機会に破産手続開始申立てについて流れを知っておきたいと考え、今回も同席することにしたのだった。

細田弁護士は、池田さんに債権者一覧表を見せ、改めて債権者について確認した。

細田　債権者数が少なくてすぐに取引履歴が揃ってよかったです。債権者は●●と▲▲以外にはいませんか。債権者一覧表に載せていなかった債権者は、免責の効果が及ばないので、もし、漏れがあったら必ず教えてくださいね。

池田　●●と▲▲カードの他はないです。請求が来なくなって、ほんとに気が楽になったわ。

細田　良かったです。こちらの債務増加の経緯、池田さんの債務が増えてしまった経緯を時系列にまとめたものです。法テラスに援助申込みをするために使うものです。ご確認ください。

池田さんは、債務増加の経緯に目を通して、間違いない、こういう風によう文章に書けんもんで助かります、と答えた。

池田　それから、こちら、法テラスの立替金を、口座引き落としするための書類です。事件が終わった後も生活保護受給中であれば、「免除申請」することで、立て替えてもらったお金の分割払いを免除してもらえるのですが、法テラスに申し込む段階では、口座引き落としのための書類も出さないといけないんです。こちらに引き落とし先口座についての記入と、銀行印の押印をお願いします。

池田さんは細田弁護士の指示に従って、通帳を見ながら口座番号等を記入してから、細田弁護士に尋ねた。

池田　前の時、法テラスから引き落とされてたけど、今度は引き落とされんようになるんやね。免除申請って、先生にしてもらえるの。

細田　免除申請のための書類は、池田さんのところに直接届くので、池田さんに免除申請してもらう必要があります。

池田　そうか、それは忘れんようにしなあかんな。

細田　ええ、自動的に免除されるわけではないので、その点はご注意くださいね。

その後、細田弁護士は、池田さんが持ってきた、第１回の打ち合わせ時にお願いした資料を確認した。幸い、池田さんは、過去の繰越済みの通帳は捨てていなかったので、由紀子さんの葬儀費用や、由紀子さん名義の口座を解約後に、池田さん名義の通帳に振り込まれた額についても通帳から確認することができた。

細田　ありがとうございます。破産の申立てって、客観的な資料がどれだけ揃うかが重要なので、本当に助かります。今日は、こちらの通帳や、前回お持ちいただいた資料、債権者から届いた取引履歴を確認しながら、【陳述書】という書類を作っていきますね。

細田弁護士は、【陳述書】と題した、アンケート形式の書式を池田さんと藤井ケアマネに見せた。

【陳述書】には、生活状況、家族の状況、居住状況、婚姻歴、学歴、職歴、債権者との話し合いの状況、借り入れの原因、返済の状況、借り入れをした際の状況等の、様々な項目についての質問事項が記載されていた。

細田弁護士は、破産申立ての際に使用する書式が指定されていること、その中でも【陳述書】は破算に関する事情を網羅的に説明する重要なものであることを説明した。このような様々な事項に応えなければならないのであれば、確かにジェノグラム等の福祉側の資料も参考になるなと藤井ケアマネは思った。

細田弁護士は、前回の打ち合わせ時に細田弁護士が作成したメモや、藤井ケアマネに提供を受けたジェノグラム、債権者から届いた取引履歴、池田さんの預金通帳の数字等の内容も確認しながら、一つ一つ、【陳述書】にある質問事項について池田さんに尋ねていった。

藤井ケアマネは、細田弁護士が、池田さんの回答が曖昧になるたび、債権者との取引履歴や預金通帳の数字との整合性を確認しているのを見て、

藤井　【陳述書】って、客観的な数字との整合性が取れた内容で作るのが大切なんですね

と、つぶやくと、細田弁護士は、

細田　ええ、通帳のコピーや債権者との取引履歴も裁判所に提出しますからね。私も管財人をする時、陳述書の内容と客観的な数字との矛盾がないかチェックします。そこで矛盾があると、ご本人に説明を求めたり、関係機関に照会したり、いろんな調査をすることになる。

もし、ご本人だけで陳述書を書いたら、勘違いや思い違いによる矛盾や間違いってやっぱり出てきちゃうんと思うんですよ。誰しも、過去のことを逐一正確に覚えていないですから。

でも、免責にするかどうかの意見を書く立場の管財人と初めて会ったご本人が、あなたの陳述書、客観的な数字と矛盾するけどどういうことですか？って指摘されたら、ご本人、緊張しちゃいますよね。

そういうことが起こらないように、申立代理人が、提出する資料や内容の数字と矛盾が無いようにチェックしながら、陳述書を作っていくのが重要なんですよ。

藤井　なるほど…管財人の弁護士は、ご本人に会う前に、陳述書とかの資料を見るんですもんね。資料がちゃんとしているかどうかで、管財人がご本人に抱くイメージも変わってきますよね。

細田　そうなんです。変えられない過去のお金の使い方や、破産に至ってしまった問題点については、隠さず、正確に伝える。そのうえで、過去の問題についてはきちんと分析できていること、現在は問題のあるお金の使い方をしていないこと、今後も適切なお金の使い方ができるような対応をしていることを、管財人にアピールすることが大切なんですね。なんといっても、免責不許可事由があるか、免責不許可事由があっても、裁量免責にできる事情があるかを調査して、意見を書くのは管財人ですから。

細田弁護士から管財人の立場について説明を受けながら、池田さんは、前回の破産の際の管財人からの【説教】を思い出していた。池田さんは、前回の破産の時、管財人の立ち位置をよく理解しないまま、池田さんとしては睡眠を取ってからの運転で酒が抜けたと思っていたのに、飲酒検知に引っ掛かったことについて、【運が悪かった】という感覚でいたことを前面に出してしまった。そのために、工具等を積んで現場に赴くために、車の運転も必要不可欠な電気工の仕事についておきながら、飲酒検知に引っ掛かるような運転をしたことに対する反省がないと受け止められてしまい、前回の破産の際、管財人に【説教】されたという経緯があった。

池田　そういえば、前の破産の時、管財人という弁護士が何する人かよう分かってなくて、酒気帯び取られたことについて、ほんとに運が悪かったんですわ、ってついこぼしたら、それで説教されたんやわ…

細田　なるほど、そうだったんですね。確かに、深酒した後の朝の運転は、お仕事を失いかねないリスクはあるので、その点の認識が足りないと思われちゃったのかもしれませんね。
池田　罰金も払わないかんしねえ。運が悪かったって言ってまったで、反省してないように思われたんやろうなあ。つい、長引いて午前様になったけど、もう少し早く切り上げとったら済んだ話なのは分かっとる…
細田　パチンコも、きっとなかなか切り上げられなかったんですよね。コロナ渦で楽しいことも少ないですしね…
藤井　池田さん、またパチンコにはまっちゃわないように、行ける場所を増やしましょうよ。コミュニティセンターでも、いろんなサロンもやってますし。同じようにお連れ合いを亡くされた方もいらっしゃるので。
池田　そうやなあ…金をかけずに時間をつぶせるようにならなあかんわな…久々に将棋でもやってみるかなあ。
藤井　いいと思います！囲碁・将棋サロンもありますよ！今度チラシ持ってきますね。
細田　どうすれば収入の範囲内で生活できるか、具体的に考えられるようになっていますね。池田さんがそう考えられていることも、陳述書にちゃんと書いておきますね。これならきっと、管財人の弁護士に説教されたりしないですよ。それでは、次回の打ち合わせの日程を決めましょうか。また、次回の打ち合わせ時にお持ちいただきたいもののメモもお渡ししますね。収入や資産に関する資料は揃っているので、資料としては、記帳した通帳、８月の家計の状況をお持ちいただければいいかと思います。それと、次回の打ち合わせまでには法テラスの援助決定が出ていると思うので、法テラスとの契約に必要な印鑑をお持ちくださいね。

細田弁護士と池田さんの３回目の打ち合わせは、令和４年９月20日になった。

❻ 細田法律事務所での、第３回打ち合わせ（9/20）

第２回打ち合わせと第３回打ち合わせの間に法テラスの援助決定が出ていたので、第３回の打ち合わせでは、まず、細田弁護士が、法テラスと細田弁護士と池田さんとの三者契約にあたっての重要事項を説明したうえで、池田さんに重要事項説明書と契約書に署名押印をしてもらった。また、法テラスに予納金を第三者予納してもらうための必要書類（代理援助契約における確認書）にも池田さんに署名押印してもらった。

この日の打ち合わせでの重要な宿題は、令和４年８月１日から同月31日までの、８月の家計の状況だった。

池田　…大体は書いたんやけど、食費とそれ以外の振り分けが今一つ分からんくなって…

池田さんの持参した家計の状況は、収入欄（年金及び生活保護、月額約11万４千円）と口座引き落としの家賃（３万７千円）、光熱費（電気ガス水道で約１万２千円）、電話代（約８千万円）の記載はなされていたが、食費等の記載が空欄だった。

細田　レシート持ってきてくださっているので、なんとかなります。翌月への繰越額、つまり、８月31日の時点で、残っていたお金はいくらか分かりますか？通帳上では、31日の残高は65円ですね。現金もほとんどなかったということでいいですか？

池田　月末は、カップラーメンやパンを買う金も無くて家に居たんで…多分、数十円しかなかったわ。

細田　では、繰越を100円として、保護費から、支出金額がはっきりしている家賃等（５万７千円）と繰越額の100円を引いた残りの金額（約５万6900円）を、レシートを頼りに食費や日用品費に割り当てていきましょう。小栗さん、レシートの整理をお願い。

打ち合わせに同席していた事務員の小栗は、池田さんの持ってきたレシートの合計額を手早く計算した。レシートがあった金額の合計は約５万円で、レシートから使途が不明な金額が約７千円あった。

小栗が池田さんに、レシートのないお金の使い道について、心当たりを確認すると、自販機で飲み物を買ったり、たまに馴染みの個人経営のお店で外食した、細田法律事務所と娘のところに行った時の交通費で千円程度使っているということだったので、使途不明な約７千円は食費６千円と交通費千円として計算することにした。

また小栗は、一番多い食費以外の支出額にマーカーでレシートに印をつけ、レシートの合計額のうち、食費と食費以外の金額に振り分けた。

その結果、食費が５万円程度、日用品費、被服費がそれぞれ３千円程度であることが判明した。

細田　今は食品が全般的に値上がりしているから、やりくり大変だと思いますが､食費がもう少し抑えられるといいですね。レシートを見ていると、コンビニでお酒とおつまみ、おやつを買われたりするのが食費を押し上げている感じですね。

池田　家のすぐ近くにコンビニがあるもんで､習慣になってまっとるけど、こうやって計算してもらうとバカにならんねえ…

細田　コンビニをやめてスーパーで値段の安くなっている時に買うようにするだけでも違いますよ。まずは月に４万円台前半にするのを目指しましょう。

小栗　月末でカツカツになって食費が約５万円なのは、きっと、月の途中までで使いすぎちゃっているからだと思います。池田さんの場合、収入から固定費を引いた残りが５万７千円くらいなので、日用品費等を含めた､「現金で使うお金」は、１月５万円前半には抑えたいですよね。１か月単位だとやりくりが難しいなら、毎月を前半後半に分けて、現金で使えるのは前半、後半それぞれで２万７千円までとか意識してみると変わると思います！

藤井　破産申立ての準備をする中で､こうやって､自分が何にいくらを使っているか把握していくんですね。

細田　そうなんです。免責を得て借金をチャラにするという結果は当然、重要なんですけど、こういうプロセスも、生活を再建するためにはとても大事だと思っています。

池田　前の破産の時は、家計の状況作るのも女房に任せてたから、やりくりが身についてなかったな…計算してもらって感じが掴めたので、次はなんとか作ってみるわ。

こうして無事に、第３回の打ち合わせ中に池田さんの８月分の家計の状況を作成することができた。その後、細田弁護士は、第２回の打ち合わせでほぼ完成した【陳述書】の内容を池田さんに確認してもらい、第３回の打ち合わせを終えた。次回の打ち合わせは10月７日になった。

細田　また、記帳した通帳、９月の家計の状況、完成した【陳述書】に押していただくための印鑑をお持ちください。９月分の家計の状況ができれば、次回の打ち合わせで、破産手続開始申立てまで行けると思います。

7 細田法律事務所での第４回打ち合わせ（10月7日）と、破産手続開始申立て（10月12日）

第３回の打ち合わせの際に、細田と事務員の小栗とに協力してもらって家計の状況を作ったことで、池田さんも家計の状況の作り方が掴めたのか、９月分の家計の状況は最初から完成版を持ってくることができた。食費も４万円台後半、翌月への繰越も約千円残すことができていた。

池田　カツカツはカツカツやけど、いろいろアドバイスもらったおかげで、月末最終日に何も食べるもんがないってことにはならずに済んだ。

細田　収入の範囲内でのやりくりが上手くいって良かったです。こうやって家計改善していただけると、私もとても嬉しいです！

事務員の小栗は、池田さんが作成した家計の状況に記載された収入・支出の合計額の計算が間違っていないかを検算した。

小栗　計算も大丈夫です。作成、ありがとうございます。

細田　これで、破産手続開始申立てをするために必要な分の家計の状況は揃ったのですが、池田さんの場合、２回目の破算で、借り入れの原因がほぼパチンコなので、免責観察型の管財事件として申立てます。池田さんは生活保護を受給中ですから、予納金は法テラスによる第三者予納が受けられますしね。破産管財人に見せる必要がありますので、10月分以降も引き続き、家計の状況を作成してくださいね。

池田　まあ、これからも保護費の範囲内で生きていかにゃならんし、これを機に習慣にするようにせないかんとは思っとる。

藤井　そういうお気持ちになってくださって良かったです。池田さん前向きになられましたね。

池田　もっと年を取ったらやれんくなるかもしれんと思うと不安もあるけど…

藤井　よりご高齢になって、金銭管理が難しくなってきたら、社会福祉協議会の日常生活自立支援事業を利用されれば、日常生活費の管理をしてもらうこともできますよ。

池田　そういう制度もあるんやね。また金の管理が難しくなったら相談するわ。娘の恵もまだまだ子育てがあるし、なるべく迷惑かけずにやっていきたいしなあ…

細田　池田さん、藤井さんみたいな熱心なケアマネさんに関わってもらって良かったですね。破産手続が終わった後も、状況に応じて福祉に相談し、その時々で適切な支援を受けながら生活を続けていく環境が整っているということは、免責にとっても非常にプラスになる事情です。

池田　藤井さんに細田先生に相談すること勧めてもらえんかったら、今でも請求の電話や督促があって、家計のやりくりもできずに月末に食べるものがない生活しとったろうしなあ。パチンコでの借金があるって誰にも言えずに気が重かったけど、気が楽になったし。自分だけで抱えとらんと、ちゃんと相談しなあかんと思えたのは藤井さんのおかげや。

藤井　そう言ってもらえると本当に嬉しいです！

その後、細田弁護士は、池田さんに完成した【陳述書】の内容の最終チェックと、署名・押印をしてもらった。また、債権者一覧表に記載の債権者以外に債権者がいないか、財産目録に記載された以外の資産がないか等も最終チェックした。

細田　これで申立てに必要な資料は整いましたので、来週にも破産手続開始申立てを行います。おそらく申立てから１か月程度で破産手続開始決定が出て、破産手続が開始することになります。

申立てから破産手続までの間に、裁判所から申立ての内容に関して質問が来たり、追加書類の提出を求められる場合もあります。その場合は、また打ち合わせをお願いすることになります。破産手続開始決定から、約３か月後に□□地方裁判所で、【債権者集会】の期日があります。債権者集会と言っても、消費者金融やカード会社といった債権者が期日に来ることはまずなくて、債権者集会自体は数分で終わります。また、財産をお金に換えて配当するといった手続のない池田さんのようなケースでは、債権者集会は１度で終わります。

破算に関する事情や、破産手続開始決定後の生活の状況等の説明は、破産管財人との面談で行っていきます。

破産手続開始決定が出てからなるべく早めに、破産管財人の弁護士と初回の面談を行うことになります。破産管財人との面談は、うちの事務所ではなく、破産管財人の弁護士の事務所に行くことになります。この初回の面談には私も同席します。その後も、債権者集会まで、月に１回程度破産管財人と面談することが通常です。

破産管財人との面談の際には、10月分の家計の状況と、破産手続開始決定が出た日以降に記帳した通帳を持っていくことになります。

藤井　破産手続開始決定が出た日以降に記帳しないといけないのはどうしてですか？

細田　破産事件の場合、破産手続開始決定の日にご本人の財産がいくらあったかが重要なんです。管財事件になる場合、ご本人の手元に残したい財産については、【自由財産拡張申立て】という申立てを破産手続開始申立てと同時にします。破産手続が開始すると、【破産手続開始決定】の時点における破産者の財産については、破産管財人が管理処分できるのが原則なんですが、個人の方の破産の場合、手元に一定の財産を残せなければ生活できないので、原則として総額99万円までの範囲の財産については、自由財産拡張申立てをすることで、ご本人がそれまで通り、自由に使うことができます。池田さん名義の銀行口座についても、自由財産拡張申立てをするんですが、この自由財産拡張申立てに対して、破産管財人が、破産手続開始決定時の残高を基準にして、原則99万円までの範囲で、拡張を認める意見を書くんですね。そのために、初回面談の日に、破産手続開始決定の日の残高が分かる資料を持っていく必要があります。

池田　自分の場合、預金と家財道具くらいしかないし、保護費が入った日でも預金残高が20万もないから、問題なくその自由財産になるってことだね。

細田　そうです。預金は、これまで通り使っていただいて大丈夫です。それから、管財事件の場合、郵便物が全て、破産管財人の事務所に転送されます。財産目録に記載した財産以外にも財産がないか、債権者一覧表に記載した債権者がいないか、浪費的な支出をしていないかといったことを調べるために、破産管財人は、転送された郵便物を開けてみることができます。この郵便物の受け取りをどうするかも初回の打ち合わせで決めることになります。

池田　財産なんて他に何にもないけどなあ…ほかに借りてるところもないし…ああでも、前に通い詰めとったパチンコ屋からのDMは来るかもしれんなあ。

藤井　介護保険関係の郵便物なんかもみんな転送されちゃうんですか。

細田　そうなんです。選挙の通知や免許の更新等、財産や債務と関係ない重要な郵便物も全て転送されてしまうので、破産手続中は、郵便のやり取りがちょっと面倒になります。その点はご注意ください。

細田弁護士から、破産手続開始申立て後の流れの説明を受けて、第４回の打ち合わせを終えた。

そして、10月11日、事務員の小栗は、これまで細田弁護士と事務員の小栗が作成した資料を整理し、収集した資料のコピーを用意して、申立てができる状況に整えて細田弁護士の最終チェックを受けた。そして、10月12日、細田弁護士は□□地方裁判所に池田さんの破産手続開始申立てを行った。

8 予納金の第三者予納、細田弁護士と管財人候補者に債権者集会の日程調整

申立て後、２週間ほどして、□□地方裁判所から、予納金を納付するための保管金提出書が届き、事務員の小栗は保管金提出書等の法テラスが予納金を第三者予納するために必要な書類を整え、法テラスに提出した。

池田さんの事件については、細田弁護士が綿密に申立書面を作成しており、また、破産管財人の調査のある管財事件としての申立てだったこともあり、裁判所からの補充の質問や追加の書類提出の指示はなかった。

また、□□地方裁判所から、細田弁護士と管財人候補者の若野弁護士に第１回債権者集会の候補日の調整の連絡がFAXであった。細田弁護士は、池田さんと連絡を取り、池田さんの予定も確認したうえで、裁判所から提示された複数の候補日のうち、細田弁護士も池田さんも出席可能な日時全てに○をつけて、裁判所に返送した。債権者集会は令和５年１月20日に決まった。

9 破産手続開始決定（11月16日）と管財人との初回面談（11月22日）

池田さんの破産手続開始決定は、令和４年11月16日午後５時になった。

細田弁護士は、破産手続開始決定後直ちに、破産管財人の若野弁護士に電話し、池田さんと若野弁護士との初回面談の日程調整を行った。初回面談は11月22日になった。

11月16日、池田さんにまず細田法律事務所に来てもらった。細田弁護士

が、池田さんが11月14日に記帳した預金通帳や10月分の家計の状況を確認したうえで、そこから細田弁護士とともに若野弁護士の事務所を訪問した。若野弁護士は弁護士登録３年目でまだ30歳の穏やかそうな若い弁護士だった。

初回面談で若野弁護士は、まず、破産手続開始決定の日の残高が分かる預金通帳と、池田さんの10月分の家計の状況の確認を行った。10月分の家計の状況は、翌月への繰り越しを1500円程度残すことができていた。

若野　通帳ありがとうございます。これで自由財産拡張申立てについての意見書が書けます。特に拡張に問題のある財産はないので、拡張を認める意見書を裁判所に出しておきますね。次に家計の状況ですね。警備員をされていた頃と比べるとかなり収入が下がっていますが、今後もその範囲内で生活していけそうですか。

池田　細田先生にお世話になるまで、あんまり家計のやりくり考えとらんかったんですが、今回、自分で家計の状況を作ってみて、何にいくらかかるかや収入の範囲内で生活するための金の使い方のペース、そういうことをやっと意識できるようになりました。

若野　前回の破産の時はそれができなかったのはどうしてですか。

池田　その頃は亡くなった女房の由紀子が、家計のやりくりしていて…家計の状況も作ってもらってました。前の破産の後、由紀子がおった頃は問題なく暮らしておったんですが…

細田　若野先生、債務増加の経緯にも書きましたが、池田さんの場合、急に奥様を亡くされた後、コロナ渦で周囲との交流が途絶えたことがパチンコにはまってしまった原因です。現在は、福祉関係者の支援もあって、将棋サロンで友達を作ったりされて、お金をかけずに有意義に生活する環境も整えています。今回も、熱心なケアマネさんがうちの事務所に池田さんをつないでくださって。今後も、生活に困りごとが生じた時には相談できる状況です。よりご高齢になり金銭管理が難しくなった場合は、日常生活自立支援事業の利用も考えていらっしゃいます。

若野　それは良かったですね。池田さん、債権者集会までの間、月に１回、こちらに家計の状況を作って持ってきていただくことで、家計管理を習慣づけていただきたいと思っています。

破産管財人との初回面談は、池田さんの家計管理の状況とパチンコで借金を作ってしまったことについての現在の池田さんの思いについての聴き取りがなされて終わった。池田さんの郵便物は、基本的には面談の際にまとめて受け取り、重要なものがあった場合は、電話で若野弁護士の事務所に問い合わせたうえで池田さんが取りに行くことになった。また、２回目以降の面談は、池田さんのみで若野弁護士の事務所に行くことになった。

⑩ 管財人面談（月に１回程度）

その後、12月16日と、１月10日にも、若野弁護士の事務所で、若野弁護士と池田さんとの面談が行われた。池田さんも、家計の状況を作れるようになり、千円から二千円程度の繰り越しを残せる程度にはやりくりができるようになってきたこともあり、若野弁護士との面談も池田さんの生活状況の確認で済み、短時間で終了した。

⑪ 債権者集会-破産手続廃止決定と免責許可決定　令和５年１月20日

□□地方裁判所で、池田さんの債権者集会の期日が開かれた。集会室のような部屋に一段高い壇があり、壇上に破産管財人の若野弁護士、裁判官、書記官の席、その壇の前に置かれた長テーブルに申立代理人の細田弁護士と破産者の池田さんの席がある。債権者の出席はなく、いくつも並べられた債権者用のイスは全て空席だった。

細田弁護士の言っていた通り、債権者集会の期日は数分で終わった。

期日ではまず、若野弁護士が事前に裁判所に提出した書面の内容を裁判官が確認し、池田さんの事件については債権者に配当を行える見込みがないので、破産手続を廃止する（配当をしないで破産手続を終了させる）決定をした。

そして、手続は、免責に関する手続に移った。裁判官は、若野弁護士が事前に提出した免責に関する調査報告書の内容を確認すると、池田さんになぜ2回目の破算になってしまったと考えているか、今後再び同じことを繰り返さないためにどうしていこうと考えているかを問うた。

池田　…辛かった時期に、それを誰かに話したり相談することができなかったのが、パチンコにはまってしまった原因だと考えています。脳梗塞になったのは辛かったですが、信頼できる福祉関係者の方に出会えたので、困ったことがあったら、一人で抱えず、相談していくことで、同じことを繰り返さないようにしたいと思っています。

池田さんの回答に裁判官は頷き、今後は福祉関係者の方々にも相談しながら、収入の範囲内で暮らしていってくださいね、と声をかけた。

そして、池田さんについて、免責を許可する決定をした。

こうして、池田さんの破産手続は終了した。

第2章

債務整理に関するQ&A

第1節

相談につながるまで

利用者さんのお金の問題は弁護士さんへ。

でも…

どんな時に相談すべき？
どうやって相談したら良いの？
どのくらい費用がかかるの？

そういった質問に、お答えします！

Q 1-1　お金の問題は「債務整理」と聞いたのですが、そもそも「債務」ってなんですか？どんなものに困っている時に助けてもらえるのでしょうか？

A 1-1　**「債務」とは、借金、クレジットカードの立替金、売買代金、家賃、携帯電話料金、税金等を含むあらゆる負債（お金の支払義務）のことをいいます。**

そのため、借金に限らず、広くお金の支払いに困った時には、「債務整理」をすることで困りごとを解決できる可能性があります。

「債務」は、日常的には「借入」や「借金」の意味で使われることが多いです。また、法律用語の「債務」は、「特定の人（債務者）が特定の人（債権者）に対して負担する特定の行為をする義務」のことをいいます。

もっとも、「債務整理」の「債務」は、上記の日常用語と法律用語のどちらでもなく、借金、クレジットカードの立替金、割賦（分割払い）、売買代金、家賃、携帯電話料金、水道光熱費、税金・・・等々を含む、あらゆる負債（お金の支払義務）のことを指します。

つまり、「債務整理」の「債務」には、銀行のカードローン、消費者金融からの借入、クレジットカードを使ったキャッシング等の狭い意味での「借金」や「借入」だけではなく例えば、クレジットカードの１回払いでのショッピング利用代金の請求、家族・友人からの借入（債務整理前に、ご家族やご友人からの借入を優先的に返済してしまうことの問題点については、Q１－６を参照ください）、自動車ローン、滞納した家賃や携帯電料金、介護施設の利用料金、入院費、介護サービスの利用料金、スポーツクラブの会費、交通違反の罰金等、お金の支払義務があるものについては広く含まれます。

そのため、貸金業者や銀行からの「借金」や「借入」だけでなく、利用者さんの方が何らかのお金の支払いに困っている場合、「債務整理」をして、①支払金額の総額を減らしたり、②分割払いの回数を増やしたり、１回の分割払いの金額を減らしたりすることで、返済方法を緩やかにしたり、③そもそも支払義務をなくしてしまったりすることにより、その方の困りごとを解決できる可能性があります。

そこで、利用者さんの方が何らかの事情でお金の支払いに困っているようであれば、とりあえず弁護士等の法律専門家にご相談されるよう勧めてあげてください。

コラム１

利用者さんが家賃を滞納してしまい、
今すぐ家を出て行けと言われているのですが…

家賃滞納に限らず、例えば認知症等の精神疾患に伴う迷惑行為などを理由に、今すぐ家を出て行くように、という通知（例えば、内容証明郵便）が届くことがあるかもしれません。こういった通知が届いた場合に、支援者の方にお願いしたいことは、まずは焦らないでください、ということです。

家賃滞納等を理由に、賃貸借契約が解除されたとしても、大家さんや管理会社が、いきなり家を訪ねてきて、勝手に荷物を運び出したり、勝手に鍵を変えたりすることは、「自力救済」と言って、違法だとされています。利用者さんが自主的に出て行かない場合には、強制執行という手段を執らなくてはならないのですが、強制執行に至るまでは、裁判等の手続を踏む必要があり、早くても3、4か月くらいの時間がかかります。そのため、今すぐ出て行くように、という通知をもらった場合でも、そこから3か月後くらいまでの間に自主的に出ていきますという話になれば（賃貸借契約が解除されていても賃料相当額や損害金等の支払い義務は発生します)、大家さん側としても、手間や費用のかかる強制執行をするよりはマシか、と待ってくれる場合もあります（これまでの経緯などから、お気持ちの面で全く譲歩できない！というケースもあったりするのですが)。ケース会議などでも、今すぐ出て行かなければならないということになると本当に転居先がないし、仮に転居ができてもその後の支援の調整が難しいけれど、3か月後くらいで良いのであればなんとかなるかもしれない、という話になります。慌てる必要はありませんので、いままで積み重ねてきた支援が崩れることがないよう、転居後の支援について落ち着いて調整いただければと思います。

なお、大家さん側との話し合いを、本人では難しいからといって、支援者がしてしまうと、弁護士法違反になる可能性があるため、早い時点で弁護士に相談してしまった方が良いと思います。また、間違いなく自主的に退去してくれるのであれば、強制執行の手間や費用を思えば滞納家賃を減額してもよいと考えてくれる大家さんもいらっしゃり、弁護士であればそういった交渉を行うこともできます。

ちなみに、家賃滞納を理由とする解除は、例えば1か月程度の家賃滞納では認められないとされており、それまでの滞納状況などにもよりますが、概ね3か月以上の家賃滞納があって、はじめて解除が認められる傾向にあります。そのため、1か月程度の家賃滞納を理由に賃貸借契約解除の通知があっても、その解除は無効だと考えられます。仮に、1か月程度の家賃滞納を理由とした賃貸借契約解除の通知があった場合、大家さん側の本音は家賃滞納ではない可能性が高く（近隣住民からの苦情など）、利用者さん本人の住み慣れた住居を守るためにも、管理会社などに事情を確認できると良いかもしれません。そこから、新たな支援課題が浮かぶこともあるかもしれません。

コラム2

本人が不必要な布団やサプリメントをいくつも買ってしまっているようです

「特定商取引に関する法律」という法律があります。

一人暮らしをしている高齢者が、訪問販売などで高額な布団などを購入してしまうというトラブルは、起こり得ることです。そのような事態に遭遇したら、まず冷静に事実関係を聞きとることが重要です。

誰からどこで購入したのか、どのように代金を支払ったのか、契約書等の資料はあるのか等を聞き取ってください。

訪問販売や通信販売で商品を購入した場合には、「特定商取引に関する法律」の適用があることを知っておきましょう。

特定商取引に関する法律とは、事業者による悪質な勧誘行為等を防止するために、訪問販売や通信販売・電話勧誘販売など、消費者とトラブルを生じやすい７種類の取引を対象に、様々な規制をして消費者を保護することを目的とした法律です。

特定商取引に関する法律による救済方法の例

例えば、訪問販売で商品を買った場合には、法律で定められた書面を受け取った日から８日間はクーリングオフという制度で契約を解除することができます。クーリングオフとは、無条件で契約を解除できる消費者に認められた権利です。８日以内という短い期間が定められていますので、注意が必要です。また、業者によっては、法律で定められた書面を交付していないこともありますので、事実関係の確認が重要です。

布団のような消耗品を使用済みの場合であっても、期間内であればクーリングオフが可能なこともあります。もっとも、健康食品や化粧品などの消耗品を開封して使用してしまったときは、クーリングオフができない場合もあるので注意が必要です。サプリメントを食べてしまった場合は、クーリングオフができず、代金を支払わなければならないこともあります。

ただし、複数個購入していた場合、まだ開封していないものがあれば、その分だけをクーリングオフすることもできます。サプリメントなどの消耗品を見つけたら、本人に開封しないよう促してください。

また、通信販売で購入した場合であれば、クーリングオフに似た方法として返品権が認められています。通信販売による取引の場合には、商品の引渡しを受けた日から８日間以内であれば、消費者は契約の撤回や解除ができ、消費者の送料負担で商品を返還することができます。

支援者としてどうするか

クーリングオフができるか否か、どの範囲でクーリングオフができるか、クーリングオフ以外の方法があるかなどは、取引の内容や事案によって異なりますので、なるべく早く弁護士に相談してください。一度購入したものについて、クーリングオフをして救済される場合もありますが、認知症などで判断能力が低下している場合には、そのままにしておくと同じことが繰り返される心配があります。

支援者の皆さんや家族が、適宜情報交換をしあって、対応策を講じる必要があるでしょう。成年後見制度の利用を検討することも一つの方法ですが、判断能力が低下しているからといって、単純に成年後見制度を利用すれば良いものではなく、まずは、本人が孤独にならないような支援体制を構築することが大切です。

Q 1-2

「債務整理」をするとどんなメリットがありますか？どんなことをするのでしょうか？

A 1-2

破産：破産しても手元に残せる財産以外の財産をお金に換えて配当する場合を除き、原則として全ての債務について支払いを免れることができます。

個人再生：元本を大幅にカットしたうえで、原則３年（特別の事情がある場合は５年を超えない期間）で分割弁済することができます。また、住宅ローンを支払中の自宅がある場合、住宅ローンについては支払い続けることで自宅を残すことが可能です。

任意整理：将来利息の発生をカットしたうえで、３～５年程度の期間で分割弁済することができます。法的手続ではないため、任意整理をした事実が公開されることはありません。

1　自己破産のメリットについて

債務整理の手続の中で、最も経済的なメリットが大きい（＝債務の支払いを免れる額が多くなる）のが自己破産です。

本人が一定の基準以下の財産しか有していない場合には、一円も支払うことなく、原則として全ての債務の支払いを免れることが出来ます（破産しても支払わなければならない債務については、Ｑ３－１をご確認ください）。

自己破産では、破産管財人が本人の財産をお金に換えて配当をする場合は少なく、令和２年の司法統計では、個人の自己破産の総数７万2329件の内、配当が行われずに破産手続が終わるケースが６万6077件となっています。自己破産で具体的にどのようなことをするかについては、Ｑ２－３（自己破産の場合）をご確認ください。

2　個人再生のメリットについて

債権額を相当程度減額した上で、将来得る収入から原則３年間で分割弁済できるほか（具体的にどの程度減額されるかは、Ｑ２－３（個人再生の場合）をご確認ください）、破産の場合のような公法上・私法上の資格制限がない、破産の場合のように保有する財産が破産管財人により処分されることがないというメリットがあります。

また、「住宅資金特別条項」を利用することで、住宅ローンについては、従来の約定通り支払い続けることで住宅ローン支払中の自宅を残すことが可能です（ただし、住宅に「住宅ローン以外の債務」についての抵当権も設定されている場合等、個人再生手続を利用しても自宅を残せない場合はあります）。

そして、破産の場合には、重大な免責不許可事由がある場合には免責不許可となるリスクがありますが、個人再生であれば、免責不許可事由がある場合でも、再生計画が認可されれば債務の減免を受けることができます。個人再生で具体的にどのようなことをするかについては、Q２－３（個人再生の場合）をご確認ください。

3　任意整理のメリットについて

法的手続である破産や個人再生は、破産や個人再生をした事実が住所氏名とともに官報に掲載されますが、裁判所を介さない私的な債務整理である任意整理の場合、任意整理をした事実が公表されることはありません。

また、法的手続である破産や個人再生の場合、債権者を平等に扱うことが強く要請されるため、「親族や友人の債権者にだけは従来通りに返したい」「保証人がついている債務だけは従来通り支払いたい」といった「債務整理を行う債権者の選択」はできませんが、私的な債務整理である任意整理の場合は、任意整理を行う債権者を選ぶことができます。

ただ、任意整理は、破産や個人再生と比べると経済的なメリットはかなり小さく、家計の収支状況によっては任意整理を行っても途中で払いきれなくなり、破産に移行するような場合もありますので注意が必要です。任意整理で具体的にどのようなことをするかについては、Q２－３（任意整理の場合）をご確認ください。

Q 1-3 逆に、「債務整理」のデメリットも教えてください。ブラックリストに載ったりするのでしょうか？

A 1-3

- **自己破産、個人再生、任意整理のいずれも、「信用情報機関への事故情報の登録」はあります。**
- **自己破産の場合、公法上・私法上の資格制限がある、一定の基準以上の財産については処分されてしまう、「全ての債権者」を対象にして手続をする必要があり、特定の債権者にだけ払い続けることができない、破産をした事実が官報で公告される等のデメリットがあります。**
- **個人再生の場合、住宅ローンを除き、原則として特定の債権者にだけ従来の約定通り支払い続けることができない、個人再生をした事実が官報に公告される、支払額は大幅に減額はされるが、原則３年（最長５年）で債務を支払う手続であるため、返済期間中に家計収支が大幅に悪化した場合等に、途中で返しきれなくなるリスクがある等のデメリットがあります。**
- **任意整理は、将来利息はカットされますが、３～５年程度の期間をかけて借金を完済するものであるため、返済期間中に家計収支が悪化した場合等に、途中で返しきれなくな**

るリスクがあります。

1　信用情報機関への登録

まず、金融機関等に「ブラックリスト」という名称のリストがあるわけではありません。

俗に言う、「ブラックリストに載る」が何を指しているかというと、「信用情報機関に事故情報が登録されること」です。

信用情報とは、クレジットカードや割賦販売、各種ローン等の契約についての、契約内容や支払い状況等の客観的な取引事実の情報です。信用情報機関は、加盟する金融機関等から登録される信用情報を管理しています。

そして、信用情報機関に加盟する金融機関等は、消費者が金融機関等にローンやクレジットの利用申し込みを行った際に、信用情報機関から消費者の信用情報の提供を受けます。

信用情報機関には、全国銀行個人信用情報センター（KSC）、日本信用情報機構（JICC）シー・アイ・シー（CIC）があります。

本人が「債務整理」を行った、「破産申立て」をしたといった情報も事故情報として登録されるので、事故情報登録中はクレジットカードを作ったりローンを組んだりが事実上難しくなります。

ただし、事故情報は永続的に登録されているものではありません（免責許可決定後５～10年程度です）。

また、事故情報は破産申立て、個人再生申立て、任意整理に限らず、延滞に関する情報も登録されています。本人が、債務整理前から相当期間にわたって支払いを延滞しているような場合は、既に「ブラックリストに載っている」ことになりますので、債務整理についての情報が信用情報機関に登録されることのデメリットは大きくありません。

2　自己破産のデメリット〜公法上・私法上の資格制限

各種の法令において、破産した人（＝破産手続開始決定が出された人）について公法上・私法上の資格を制限しているものあります（他人の財産を扱う職業の資格が制限されます）。資格制限の主なものは以下のとおりです。

公法上の資格制限

弁護士、司法書士、税理士、公認会計士、社会保険労務士、不動産鑑定士

警備員、生命保険募集人、損害代理店　宅地建物取引業者

私法上の資格制限

後見人、後見監督人、保佐人、保佐監督人、補助人、補助監督人、遺言執行者

債務整理を希望している本人が、現在、これらの職業や地位に就いている場合、債務整理の手続選択として、自己破産ではなく任意整理や個人再生手続にしなければならない場合もあります。

ただし、これらの資格制限は永続的なものではなく、「免責許可決定の確定」によって、資格制限は消滅します（破産手続開始決定によって本人に生じた資格制限の消滅を「復権」といいます）。

なお、免責許可決定の確定の時期は、免責許可決定が官報に公告されてから、２週間が経過した時になります。

また、資格制限とは異なりますが、本人が会社の取締役をしている場合、破産するといったん取締役を退任しなければなりません（再び選任されることは可能です）。

3　自己破産のデメリット～「自由財産」以外の財産は処分される

破産手続は、破産管財人が、「自由財産」以外の全ての財産をお金に換えて債権者に配当し、配当しても残った債務について免責をする、「清算型」の倒産手続です。

自己破産の場合、本人が一定の基準を超える財産を有している場合には管財事件になり（Q２－７参照）、基準を超える財産は破産管財人によって売却処分されます（売却代金は債権者に配られます）。破産しても本人が自由に管理処分できる財産のことを自由財産と呼んでいます。

まず、生活に欠くことができない家財道具や、年金受給権や生活保護受給権、中小企業退職金共済といった差押禁止財産については、「本来的自由財案」と言われ、破産しても「必ず」手元に残すことができます。

また、本来的自由財産以外の財産でも、本人の経済的再生のために必要であると認められる財産については、評価額の合計で原則として99万円までは「自由財産拡張制度」によって、本人の手元に残すことができます（どのような財産が「自由財産の拡張に適した財産」であるかや、財産の価値をどのように評価するについては、具体的な運用基準があります。預貯金、保険解約返戻金、自動車、敷金・保証金、退職金が、主な「自由財産の拡張に適した財産」です）。

本人が自由財産とはならない財産を保有している場合は、破産管財人に処分されてしまいます（逆に、本人が自由財産の範囲内の財産しか持っていない場合は、管財人に財産を処分されることはありません）。特に本人の住まいが本人名義の持ち家であった場合には、自宅を残すことはできず、住み慣れた住まいから転居せざるを得ないことは自己破産のデメリットと言えます。

4　自己破産・個人再生のデメリット～「全ての債権者」を対象にする必要

本人が支払いきれない多重債務に悩んでいる場合でも、「特定の債権者にだけは払い続けたい」という希望を持っている場合があります。

例えば、保証人がついている債務については、保証人に迷惑をかけないために払い続けたい、お世話になった人から借りたお金については払い続けたい、住宅ローンを支払中の住宅を失いたくないので、住宅ローンだけは支払い続けたいといった希望です（なお、個人再生の場合は、住宅資金特別条項を利用することで、住宅ローンについては約定通り支払い続けて自宅を残すことができます。個人再生手続でも、住宅ローン以外の債務については原則として従来の約定通りに支払い続けることはできません）。

しかし、自己破産をする場合、全ての債権者を平等に扱うことが強く要請されており、特定の債権者だけを除いて自己破産の申立てを行うことは認められていません。自己破産の申立てにおいて、債権者一覧表に記載すべき債権者名を意図的に記載しないことは免責不許可事由にあたりうる行為とされています。

また、本人が、負っている債務を支払いきることができない状況になった時点よりも後に、特定の債権者にだけ支払いを行ってしまうと、当該債権者は、破産管財人から、支払いを受けた額について、他の債権者のために返すように請求されてしまうこともあります（Q1－6参照）。

なお、破産管財人が選任されない個人再生の場合、「特定の債権者にだけ特別に支払った分」の額は、各債権者への弁済額に加えなければならないことになっています。

5　自己破産・個人再生のデメリット～破産・個人再生をした事実の官報公告

破産法において、「破産手続開始の公告」等の破産に関する公告は官報に掲載する方法によって行われます。このため、官報には、破産手続開始等の事実が、破産者の氏名・住所とともに掲載されることになります。

官報には紙ベースのものだけではなく、「インターネット版官報」もあり、インターネット版官報では直近30日分のデータが無料公開され、ダウンロードも可能になっています。

破産をした事実が氏名住所とともに公告されるということは、「通常の金融機関等からの借入が難しい人」の情報が、誰でも見られる情報として公告されていると言うことになります。官報には破産に関する公告の他にも、多くの事項が記載されており、官報への掲載によって本人の友人知人等の一般の方に破産の事実を知られることはまずありませんが、ヤミ金や詐欺師からの連絡が来るリスクは高くなります。

なお、個人再生手続でも「再生手続開始の公告」等の再生手続に関する公告が官報に掲載され、債務者本人の住所氏名がインターネット上で閲覧できる状態になります。

6　自己破産のデメリット～免責不許可事由が極めて著しい場合のリスク

債務を負担した理由が全てギャンブルや浪費で、かつ、その額も本人の収入に比して極めて多額であるといった場合のように、本人に「免責不許可事由」があり、かつ、その程度が極めて著しい場合には、自己破産をしても、免責が不許可になるリスクがあります。免責不許可事由の程度が極めて著しく免責不許可となるリスクが無視できない場合には、任意整理や個人再生を選択することになります。

ただし、最終的な結論が免責不許可になるのは極めて例外的な場合で、免責不許可事由がある場合でも、ほとんどのケースでは、「裁量免責」が認められています。ですので、債務を負担した理由がギャンブルや浪費であったからといって、それだけで免責を諦める必要は全くありません（Q１－７参照）。

7　自己破産のデメリット～個人事業主の場合は廃業が原則

個人事業主が自己破産をする場合、在庫商品や売掛金等の事業に関する資産が破産管財人によって換価処分されてしまう、リース契約等の事業に必要な契約が解除されてしまう、数年間は金融機関から融資を受けることことができなくなる、といった理由から事業を継続することができなくなる場合が多いです（一人親方等の零細な個人事業主の場合等、自己破産をしても事業継続をすることができる場合もあります）。

本人が事業継続を望み、かつ事業継続が可能な場合、「個人再生手続」という、「再建型」の倒産手続を選択することが多いです。「再建型」の倒産手続である個人再生手続の場合には、本人は、財産の管理処分権を失わず、在庫商品等の事業に関する資産を処分する必要はありません。

個人再生手続では、支払額を大幅にカットしてもらった上で、原則３年（最長５年）の期間で事業収入から分割弁済をしていきます。

8　任意整理のデメリット～完済できない場合のリスク

任意整理は、将来利息をカットすることで減額した支払額を３～５年にわたって「返済し続ける」ものです（Q２－４）。「完済する」ことが可能であれば任意整理も有効な債務整理になりますが、返済期間中に家計収支が悪化し、途中で払うことができなくなり、結局、自己破産せざるを得ないこともなくはありません（その場合、任意整理のための弁護士費用や、債権者に途中まで支払ったお金はもちろん戻ってきませんし、任意整理のための弁護士費用とは別に自己破産のための弁護士費用が必要になります）。

減額した支払額であれば確実に完済まで支払い続けることができる方でなければ、債務の問題の解決にならないことが、任意整理のデメリットです。

また、任意整理は、裁判所を介さない各債権者との個別の合意ですので、整理案に合意しない債権者がいる場合には、その債権者に対する債務は解決に至らないというデメリットもあります。

コラム3

新しい借金の形、ファクタリング

みなさんは、「ファクタリング」という言葉をお聞きになったことがあるでしょうか。

「ファクタリング」とは、事業者が保有している債権（売掛債権など）を支払期限前に一定の手数料を徴収して買い取るサービスで、法的には債権の売買（債権譲渡）です。事業者がこのように債権を譲渡するのは、資金調達のためです。

近年、このしくみを個人に当てはめ、個人が勤務先に対して有する給与債権（賃金請求権）を、給与の支払日前に一定の手数料を徴収して買い取り、給与が支払われた後に、個人から資金の回収を行う「給与ファクタリング」と称する手法が現れています。

労働基準法で使用者は労働者に直接賃金を支払わなければならないことになっているため、労働者が賃金債権を譲渡した場合でも、譲受人は直接使用者に対して支払を求めることはできず、労働者に対して支払を求めることになります。そのため給与ファクタリングでは、①まず給与額から手数料を差し引いた金銭が譲受人から労働者へ交付されるというだけでなく、②後で譲受人が労働者から給与額分を回収することが必ず予定されていることになり、これは①で金銭を貸し付け、②で返済させているのと同じです。従って、これを業として行うことは貸金業にあたり、貸金業登録をせずに行うのは、違法なヤミ金業者ということになります。

このような違法なヤミ金業者を利用すると、年利換算で数百パーセントにもなる高額な手数料を払わされたり、自宅や勤務先への頻回電話や恫喝など悪質な取立てを受けたりする危険があります。また、高額な手数料を払うことで本来の賃金より少ない額しか受け取れなくなるため、生活が破綻するおそれが高まります。「給与ファクタリング」「給与の買い取り」「給料日前の現金化」などとうたうヤミ金業者は、絶対に利用しない、させないよう気をつけましょう。

Q 1-4 どのくらい困ったら弁護士に相談ですか？この金額ならご本人や家族が払えそうなので私が代わりに電話して進めても大丈夫でしょうか？

A 1-4 自己判断は危険！まずはとにかく弁護士に相談を。

弁護士に相談するのに、早すぎるということはありません。Q1－10で詳しく述べますが、相談料は1回30分あたり5000円程度ですし、資産や収入が一定以下の方であれば、法テラス（日本司法支援センター）の法律相談援助を利用して自己負担なしで相談できます。相談をしたからといって、債務整理を依頼しなければならなくなるわけでもありません。借金を放置してしまうと、返済のためにご本人の生活が圧迫されたり、ご本人の財産が差し押さえられたりすることにもなりかねません。借金（債務）の問題があれば、まずはご本人に一度弁護士への相談を促し、ご本人の了解を得て、相談に同席しましょう。

弁護士でない支援者がご本人の代わりに、あるいはご本人と一緒に業者に電話して解決しようとするのは、以下のような理由で、避けるべきです。

1 非弁行為にあたる可能性がある

弁護士法72条で、弁護士でない者は、報酬を得る目的で法律事件に関して代理や和解などの法律事務を取り扱うことを業とすることはできないとされ、ここでいう「報酬」は金銭に限られず、「業とする」ことに関しても、仕事としての営利性までは必要なく、反復して継続的に行う意思があればこれにあたるとされています。この規制に違反した者に対する罰則もあり、２年以下の懲役または300万円以下の罰金に処される可能性があります（弁護士法77条３号）。支援者がご本人の代わりに業者に電話して支払について話したり、分割払いの合意をすることは、この規制に抵触するおそれがあります。

2　時効を「更新」させてしまう可能性がある

業者からの借金は、最後の取引から５年経過していれば、時効によって、返済しなくてよい場合がほとんどです（Q１－５で詳しく述べます）。しかし、業者との電話で借金があることを認める発言をしたり、借金の存在を認める旨の書面を業者に出してしまうと、時効の期間の進行が振り出しに戻ってしまいます（これを時効の「更新」といいます）。借金の一部を支払ってしまうことも、同様に、時効を更新させる行為にあたります。ご本人や支援者が自己判断で業者に連絡すると、このように時効の更新の原因になる行為をしてしまうおそれがありますので、避けるべきです。

Q 1-5　昔の借金らしいのですが、今なら月々5000円の支払いにまけますという手紙が来ています。これなら弁護士にお願いする手間や費用を考えたら支払わせた方が良いですよね？

A 1-5　**その借金、支払わせてしまうと厄介なことになるかもしれません！**

そういったお手紙の中には、本当は借金がないのに、借金という単語で不安にさせて支払わせようとする架空請求というものもありますが、以下は、本当に借金がある場合のことを前提とした説明です。

多くの借金は、最後に（追加で）借り入れをした日、あるいは、最後に（一部を）返済した日から原則として５年間が経過すると、「時効」により消滅し、支払わずにすむようになります。正確には、お金を貸している人に対して、「時効を使います！」（法律用語で「消滅時効の援用」と言います）、とお手紙などで通知すると、借金を支払わないですむようになります。この、「消滅時効の援用」をするまでは、５年が経過しても借金は残っている状態です。そのため、「消滅時効の援用」をされる前に少しでも借金を返してもらえれば、そこからまた５年間「消滅時効の援用」ができなくなるため、お金を貸している人は、あの手この手で、借金を返済しませんか、と働きかけてきます。

「これなら今払っておいた方がいいかも！」、という破格の条件が提案されている場合には、もともと返済しなくてすむことの方が多いかもしれませんので、ぜひ、一度、弁護士に相談してみてください。

相談の結果、本当に時効が成立していそうだ、ということになった場合は、「消滅時効の援用」を通知する内容証明郵便（相手に送った内容を郵便局が証明してくれる郵便で、1500円から2000円前後かかります）をお送りして経過観察するという、簡単で負担の少ない形で進んでいくことになります。弁護士にご依頼いただく場合でも、相談料込みで、１万円～５万円程度になる場合が多いのではないかと思います。

コラム4

ご本人宛に裁判所から通知がきました

裁判所から通知が来た場合には、その請求内容が明らかに架空請求だと思った場合であっても、すぐに、弁護士に相談するようにしてください。

裁判所からの通知が、支払督促という手続に関する通知の場合には、できるだけ早く、裁判所に異議を出す必要があります。また、民事裁判の呼び出し状であった場合、民事裁判には、相手の主張した事実を争わなかったり、あるいは、裁判に出てこない場合には、原則として、相手の主張した事実があったものとみなす、という定めがあります。極端なことを言うと、お金を借りたことがない相手から、お金を貸したのに返してもらえないという訴えが起こされた場合に、これを無視していると、お金を借りたことを前提とする判決が出ます（この場合には、裁判所の方から相手に証拠を求めたりといったこともないのが通常です）。もちろん、そういった訴えを起こすこと自体は詐欺として処罰される行為ですし、後から助けてもらう手段もないわけではないのですが、利用者さんにとっては、弁護士に相談する以上に、とても大きな負担となります。

昔の借金を返せという請求は、消滅時効の援用により支払いを免れて終わるケースも少なくないのですが（消滅時効については、Q1－5も併せてご覧ください）、訴えを起こされた場合には、その裁判の中で、消滅時効の援用を行わないと、時効が更新し、消滅時効が援用できなくなる結果、借金を返済しなくてはならない、といったことにもなりかねません。裁判所からの通知で警戒すべきは、架空請求よりも、むしろこちらの方が多いかもしれません。昔の借金に関する通知が裁判所から届いた際に、利用者さんが、お金が無い等の理由で通知を無視しようとしている場合には、ぜひ、弁護士に相談に行くよう支援いただければと思います。

なお、裁判所からの通知は無視しない方がよい、という教訓が広まったことを逆手にとって、裁判所を騙る架空請求も増えているそうです。裁判所だと思って、通知に記載されている電話番号に慌てて電話をかけると、実は詐欺業者だった、ということもあり得ますので、そういった意味でも、冒頭のように、まずは、弁護士に相談してもらう形の方がよいのではないかと思います。通常、裁判所からの通知は、（調停等の通知を除き）普通郵便ではなく特別送達等の書留郵便の形で送られてきます。

Q 1-6 債務整理の前に本人が生活保護費（あるいは貯金）から、お世話になった人にだけ先に返してしまいたいそうなのですが、今後の本人の関係を考えて払わせてしまって大丈夫でしょうか？

A 1-6 **自己破産するならアウト。返してしまう前にまず弁護士と相談を。**

1　友人知人や家族からの借り入れも「債務」です

生活が一番苦しかった時期にお金を貸してくれた友人（家族）には恩返ししたい、何としても借りたお金は全額返したい…こうした考えはごく自然なことだと思いますし、返したいという気持ちはよく分かります。

しかし、他にも借金があって債務整理を考えている場合は、返済の「前に」立ち止まって、弁護士に相談してみてください。

2　自己破産をする場合

ひと口に債務整理といってもその中にはいくつかバリエーションがありますので、ここでは自己破産をする場合について説明します。

自己破産とは、平たく言えば、いまある借金をすべて裁判所に報告し、裁判所から免責許可決定（借金を支払わなくてよいとする決定）を得る手続です。この場合、裁判所に「いまある借金のすべて」を報告しなければなりません。ここでいう「借金」には、サラ金業者や銀行からの借り入れだけでなく、友人知人や家族からも借り入れも含みます。借用書がない借金であっても、「返せるときでいいから」と言われていて現在は返済をしていない借金であっても、そのすべてを報告する必要があります。裁判所に報告する借金は、弁護士に依頼をしたとき以降は返済する必要がなくなります。つまり、友人知人や家族からの借り入れであっても、弁護士に自己破産を依頼すれば、そもそも返済をする必要はありません。

このように説明すると、「借金は返すのが原則だし、本人が返済を希望している借金だけでも自己破産の前に返すことに何の問題があるのか？」と思う方もいらっしゃるかもしれません。しかし、借金全額を返すことができないのに、一部の借金「だけ」を優先して返すことは、自己破産との関係では「大いに問題あり」なのです。

というのも、破産法には「債権者平等の原則」というルールがあり、債権者＝お金を貸してくれた人・業者は、全員平等に取り扱わなければならないのです。借金を返せるのであれば債権者全員平等に返す、返せないのであれば債権者全員平等に返してはいけないのです。そうなると、支払不能状態（＝大半の借金を返済することができなくなった状態）に陥っているにもかかわらず、お世話になった人の借金だけ先に返して、残った借金だけ破産して免責許可を得ることは、このルールに真っ向から違反することになります。

破産法では、このようなルール違反の返済のことを「偏頗弁済（へんぱべんさい）」といい、禁止しています（破産法第252条１項３号）。

万が一、ルールに違反して偏頗弁済を行った場合はどうなるのでしょうか。

破産法上、偏頗弁済は否認の対象となります（破産法第162条１項）。つまり、お世話になった人の借金だけ先に返したことが裁判所にバレると、裁判所からその人に「受け取ったお金を戻してください」と指示されることがあります。こうなると、せっかくお世話になった人に借金を返したはずが、その人に更に迷惑をかけるような事態となり、本末転倒です。

さらに、偏頗弁済は「免責不許可事由」にもあたるので、偏頗弁済さえしなければ同時廃止（＝裁判所に支払う手続費用が２万円弱で済むコース）で進めることができた事件も、管財事件（＝裁判所に支払う手続費用が最低22万円弱かかるコース）で進めざるを得なくなり、自己破産にかかる費用が20万円以上かさんでしまうことにもなりかねません。

自己破産をするうえでは、お世話になった人にだけ先に返すというのはとてもリスキーな行為であることがお分かりいただけたでしょうか。こうした事態を防ぐためには、返す前に弁護士とよく相談することが大切です。もし本人が借金を先に返してしまいそうな場合、ひとまずストップをかけてもらえると嬉しいです。

3　任意整理をする場合

任意整理をする場合、任意整理には債権者平等の原則が適用されないため、お世話になった人にだけ先に返しても基本的に問題はありません。ただし、引き続き返済を継続していく必要があるので、お世話になった人に優先して返済をした結果、他の債務の返済が滞ってしまう（＝任意整理が失敗する）ことのないように気をつける必要があります。

このような事態を避けるためにも、お世話になった人に返済を考えているのであれば、そのことを包み隠さずに担当弁護士にご相談いただくのがよいと思います。

4　生活保護との関係

生活保護利用者がお世話になった人に返済をする際には、生活保護費が返済原資となります。その際の注意点については、コラム５（生活保護費からの借金の返済について）を参照してください。

コラム5

生活保護費からの借金の返済について

生活保護利用者が任意整理をして借金を返済する場合、返済原資は生活保護費であることが多いかと思います。

保護費を返済にあてること、それ自体は違法なことではありません。ただし、保護費は本来、最低限の生活を扶助するためのお金です。ですから、保護費を借金の返済にあててしまうと、その分本来食費や日用品費などの生活費にあてるはずだった支出を削る必要があります。

そこで、保護費から返済をする場合には、返済する金額（正確には返済金額と振込手数料をあわせた総額）を引いて残った保護費で、本人の生活が立ち行く目処があるのか、やりくりができる家計状態かを慎重に検討する必要があります。その際には、本人の同意を得たうえで、担当ケースワーカーに相談することもあります。なお、ケースワーカーの中には、保護費からの借金返済＝絶対NGと誤解している方もまれにいますが、そのような場合は弁護士から説明をすれば誤解が解けることがほとんどです。

なお、生活保護利用者の場合、法テラス（日本司法支援センター）を利用すれば、原則、弁護士費用は免除になります。そのため、返済する金額に上乗せして弁護士費用の支払いを考慮する必要はありませんので、その点も把握しておくとよいでしょう。

生活費を切り詰めてまで保護費を原資に任意整理をする必要があるのか、という疑問もあるかと思います。
しかし、本人に「借金を返したい」という強い考えがある場合、それを支援者サイドで「破産しかない」、「無理しなくていい」と切り捨ててしまうのはあまりに乱暴な話です。実際、過去の担当ケースの中でも、自己破産をするには低額な借金

（数万円程度）について、担当ケースワーカーにも相談したうえで、保護費から毎月数千円を返済していくと決めたケースもあります（債権者も、本人の窮状を理解したうえで、数千円での任意整理に応じてくれました）。

生活保護を利用していても任意整理が可能な場合もある、ということを支援者にはぜひ頭の片隅に入れておいて欲しいと思います。

Q 1-7 ギャンブルや浪費でつくった借金は、債務整理では助けて貰えないんですよね？

A 1-7 **そんなことは全くありません！ぜひ、相談してみてください！**

支援者とお話ししていると、よく、「利用者さんのこの借金はギャンブルでつくったものだからどうにもならないんですよね？以前、別の方の件で相談した際にそう言われました」という話になることがあります。

これは、破産法に「浪費又は賭博その他の射幸行為をしたことによって著しく財産を減少させ、又は過大な債務を負担した（場合を除いて免責許可の決定をする）」（252条１項４号）という定めがあるからだと思いますが、実は、この法律には続きがあり、「（そういった事情に）該当する場合であっても、裁判所は、破産手続開始の決定に至った経緯その他一切の事情を考慮して免責を許可することが相当であると認めるときは、免責許可の決定をすることができる。」(252条2項。いわゆる裁量免責)と定めています。つまり、ギャンブルでつくった借金であっても、事情により、免責する(＝借金から助ける)ことがあります、と定めています。なお、豆知識ですが、借金から助けてもらうための申立てを免責許可の申立てといい、この免責許可の申立ての前提として破産手続開始の申立てが必要とされていることから、まず、破産の申立てを行います。そのため、破産＝借金から助けてくれる制度というイメージが定着しており、弁護士と話す時などもそのイメージでお話しいただいて問題ないのですが、書籍や講演会の資料などにはそのあたり正確に記載されているため、混乱しないようにしていただければと思います。

さて、ここにいう免責許可決定をすることができる事情ですが、例えば、今後ギャンブルをしないための努力をきちんとしている、破産手続にあたり財産を隠したり嘘を言わない、等の事情が考慮されています。筆者は、これまでにギャンブル・買い物・風俗・FXなどによる借金を理由とする破産事件を取り扱ってきましたが、ご本人が手続と誠実に向き合っていると裁判所に感じてもらえた場合には、ほぼ免責許可決定がなされるのではないかと感じており、実際、いままで申立てをした中で、免責不許可決定(＝借金から助けないという決定)がなされた事件はありません。ただ、「手続と誠実に向き合う」こと自体がとても難しいケースも少なからずあります。この点は、法的支援というよりも生活支援という面が強いことから、弁護士に遠慮することなく、ケアマネジャーの側でイニシアチブを発揮していただければと思います。Q2－6も併せてご覧ください。

なお、ギャンブルや浪費以外ですと、7年以内は再び破産することができない（252条１項10号）という話もよく聞きますが、これも裁量免責の対象となります。この点は、Q３－２も併せてご覧ください。

ところで、この免責ですが、いくつか効果が及ばないものがあり、筆者がご相談の中でよく出会うものとして、年金担保貸付や税金などがあります。この点は、Q３－１も併せてご覧ください。

また、この免責という制度は、債務整理の中でも、あくまで破産という債務整理の方法に関連するものですので、免責不許可決定が予想される場合であっても、破産以外の債務整理（任意整理や民事再生等）を行うことは可能です。この点は、Q１－２、Q１－３も併せてご覧ください。

コラム６

債務整理の方法を選ぶにあたって

債務整理には、借金（の一部）を返済していく形となる任意整理の方法や、免責により原則として返済不要となる破産の方法などがあります（詳細についてはQ２－３をご覧ください）。

免責は、法的に認められた権利（rights＝道徳・一般通念上も正しいこと）ではありますが、借りたものが返済不要になることに躊躇を覚える支援者もいらっしゃり、特に、借金の原因がギャンブルや浪費の場合には、敢えて任意整理を勧める支援者もいらっしゃいます。ただ、免責が認められ得るケースであれば、少なくとも法的な観点からは、本人に一番有利な方法は破産免責であり、本人が破産免責を希望する場合に、借金の原因などを理由に敢えて任意整理を勧めることは、弁護士倫理上難しい面があります。

他方で、生活支援という観点からは、例えば、きちんと借金を返すという行為が、社会における責任を果たしているという意識につながり、それが、本人の居場所やプライドの一部を形成している場合もあります。そういった場合において、弁護士が、法的に有利だからと言って破産免責という手段を押し付けることは好ましくないと考えられます。

このように、債務整理の方法を選ぶにあたっては、関係者の価値観や職業倫理が複雑に絡み合うことがあります。だからこそ、自己覚知を徹底し、ご本人のニーズを大切にすることが大事なのではないかと感じています。

Q 1-8 収支がマイナスでも債務整理はできますか？

A 1-8 弁護士に相談することを躊躇する必要はありませんが、生活の立て直しに向けたみなさんのご協力もとても重要になります。

1 債務整理の前提

弁護士が債務整理の相談を受ける時点で、収支がマイナスの状況で生活をされている方は少なくありません。元々、生活費が足りないからこそ借金をしているわけですから、考えてみれば無理もないことです。

ただ、基本的には、債務整理の前提として収支がマイナスにならない程度に改善されている必要があることは念頭におく必要があります。

2　債務整理をする時に念頭においてほしいこと

借金の申込みをした場合、金融機関は、個人信用情報（俗にいう「ブラックリスト」です）を参考にして、貸付をするかどうかを判断します。

弁護士に依頼をして債務整理をした場合、個人信用情報に「事故情報」として掲載される仕組みになっています。それは、一定期間借金をすることができなくなることを意味します。借金ができなくなる期間は、法律で決まりがあるわけではありませんが、概ね５年間〜７年間と言われています。そのため、債務整理をする段階で、借金しなくても生活ができる程度の収支状態になっている必要があります。つまり、収支がマイナスであることは好ましくありません。信用情報に「事故情報」として掲載されることだけが理由ではないですが、債務整理をした以降は、借金をせずに安心して生活ができる収支状態になっていることが望まれます。債務整理をする前提として、収支を改善する機会になると考えてください。

3　収支がマイナスの場合

収支がマイナスの状況で、借金をしないと生活ができないような場合、債務整理も大切ですが、生活の根本的な立て直しを図る必要があります。

借金の返済額の支出さえ無くなり、収支がプラスになるのであれば、自己破産をすることで生活が安定すると思います。収支がマイナスだからといって、弁護士に相談することを躊躇する必要はありません。

ただ、借金の返済額がなくなったとしても、収支がマイナスの状況であれば、何故、収支がマイナスになっているのかを具体的に検討して、収入が少ないのであれば、就労支援や生活保護等に結びつける必要があります。支出が多いのであれば、支出の面を見直して生活を改善する必要があります。本人の家計をアセスメントして、家計全体の状況を「見える化」し、家計を見直す必要もあります。

4　債務整理は生活を立て直してからになります

収支がマイナスの場合、そのようにして、生活を立て直してから債務整理をすることになります。生活の立て直しは、弁護士の力では限界がありますので、実際に支援にあたっているケアマネジャーの支援はとても重要になります。場合によっては、生活困窮者自立支援法の家計改善支援事業を活用することも一つの方法です。支援者と弁護士が連携して、生活支援と債務整理ができることが望ましいでしょう。

Q 1-9　弁護士はどうやって探したら良いですか？

A 1-9　**決まった方法はありませんが、心当たりがなければ、ご本人のお近くの法テラスや弁護士会の法律相談センターを利用するのがおすすめです。**

既にご本人や支援者が知り合いの弁護士や、支援者の勤務している法人の顧問弁護士がいる場合には、その弁護士に相談を受け付けてもらえるか打診してみるのもよいです。

心当たりの弁護士がいなければ、ご本人のお近くの法テラス（日本司法支援センター）の地方事務所か、弁護士会の法律相談センターに連絡し、相談予約をとったうえで相談に行かれるのがおすすめです。これらの相談機関では、弁護士が交代で相談を担当しており、その日の担当の弁護士に相談していただくことになります。

＊お近くの法テラスの地方事務所は、下記サイトで調べられます。法テラスでは、一定以下の収入と資産の方であれば、１つのテーマについて３回まで無料で相談を受けられます。

https://www.houterasu.or.jp/chihoujimusho/index.html

＊各地の弁護士会の運営する法律相談センターは、下記の日本弁護士連合会のサイトで調べられます。借金（債務）の相談については、初回無料としているところがほとんどです。

https://www.nichibenren.or.jp/legal_advice/search/center.html

Q 1-10 相談料や依頼料はどのくらいかかりますか？法テラスや民事法律扶助ってなんですか？

A 1-10 **概ね30分あたり5000円＋消費税が標準です。法テラスを利用できれば、相談は無料です。依頼する場合の弁護士費用を立て替えてもらうこともできます。**

弁護士への依頼のプロセスは、「相談」の段階と、依頼（弁護士からみれば「受任」）後の段階にわかれます。相談料についても、依頼料（着手金、報酬、実費）についても、全国一律の決まりはなく、それぞれの弁護士（またはその所属している法律事務所）が自分で設定しています。

とはいえ、相談料については、30分あたり5000円＋消費税としている弁護士が多いようです。弁護士によっては、初回相談は無料としていたり、借金についての相談は初回に限らず無料としている場合もあります。

依頼後の費用については、依頼の始め（弁護士が事件を始める時）に必要な「着手金」、事件の遂行に必要な費用にあてるための「実費」（たとえば郵送のための切手代や、裁判所に申立てをする際に手数料として必要な印紙代などの必要経費）、事件が終了した際に成果に応じて発生する「報酬」があります。「着手金」や「報酬」も、弁護士・法律事務所によりまちまちですが、着手金については、任意整理は1社あたり５万円程度、自己破産は20万円程度が標準的なようです。

「法テラス」という言葉をお聞きになったことがあるかもしれません。法テラスは、国民が法的トラブルの解決に必要な情報やサービスの提供を受けられるように、国が2006年に設立した独立行政法人で、正式名称を「日本司法支援センター」といいます。法テラスは様々な業務にあたっていますが、ここでは、なかでも「民事法律扶助」業務が重要です。民事法律扶助は、経済的に余裕のない方が法的トラブルにあったときに、無料で法律相談を行い、必要な場合、弁護士・司法書士の費用等の立替えを行うしくみです。この民事法律扶助のしくみ自体を「法テラス」と呼ぶこともあります。

民事法律扶助には、①相談を無料でできる「相談援助」と、②弁護士への依頼料（着手金、実費、報酬）を法テラスが立て替えてくれる「代理援助」があります。いずれも、収入及び資産が一定の基準に満たない方が利用できます。

①の「相談援助」については、１つのテーマについて３回まで、無料で法律相談ができます。弁護士には、法テラスから相談料が支払われ、相談者の自己負担はありません。

②の「代理援助」は、事件の種別・内容により決まる着手金と実費を、まず法テラスが立て替えて、依頼を受ける弁護士に支払い、依頼者は後から法テラスに少しずつ（月額5000円～10000円ずつ）分割で返す（償還する）というものです。報酬については、事件の成果に応じて法テラスが決定しますが、自己破産については、報酬はありません。総じて、民事法律扶助を利用する場合、一般的な水準と比べて、着手金や報酬は低廉なものとなっています。代理援助の利用にあたっては、援助の要件を満たすかどうか、法テラスによる審査があり、住民票や、収入情状を示す書類（給与明細、課税証明書など）の提出が求められます。生活保護受給中の方は、事件の進行中は、法テラスへの償還義務が猶予され、事件終結時にも生活保護が続いていれば、免除申請をすることによって、償還義務を免除してもらうことができます。つまり、事件が終了するまでずっと生活保護受給中であれば、無料で弁護士に依頼できるということになります。

民事法律扶助（法テラス）の利用のためには、お近くの法テラスの地方事務所で法律相談の予約をして、担当になった弁護士にご相談いただけばよいです。あるいは、心当たりの弁護士が既にいて、その弁護士が民事法律扶助（法テラス）の制度を利用した相談や依頼を受け付けている場合は、その弁護士の事務所で法テラスの制度を利用して相談することもできますし、依頼することもできます。民事法律扶助

（法テラス）の制度は、法テラスの事務所でしか使えないと勘違いされている方も多いですが、決してそんなことはありません。

収入や資産が少ない方も、このように民事法律扶助の制度がありますので、費用の点で躊躇せず、弁護士への相談・依頼を前向きに検討してください。

Q 1-11 **足が悪かったり具合が悪かったりして弁護士の事務所に行くのが難しい場合はどうしたら良いですか？**

A 1-11 **出張相談を依頼しましょう。**

法テラス（Q１－10参照）には、出張相談の制度があり、病気や障害などで弁護士事務所まで行くのが難しい場合に、相談者の自宅やその他の場所（例えば入院中の病院や、入所している施設）まで弁護士が赴きます。既に心当たりの弁護士がいる場合はその弁護士に、法テラスの出張相談制度を利用したい旨を依頼しましょう。その弁護士が事前に法テラスに申請をし、法テラスから承認が出れば、出張相談を行います。特に心当たりの弁護士がいなければ、法テラスが弁護士を決めますので、お近くの法テラスの地方事務所に連絡し、出張相談の依頼をしてください。

収入・資産が基準を超えていて法テラスが利用できない場合でも、各地の弁護士会の高齢者・障害者向け法律相談窓口では、出張相談を受け付けているところが多いです。その場合の相談料・交通費・出張日当等については、それぞれお近くの弁護士会に問い合わせてみてください。

Q 1-12 認知症があったり、重度の精神障害がある場合でも相談できますか？

A 1-12 **様々な方法がありますので、まずは相談してみてください。**

1　相談は可能です

まず、認知症の症状があったり、重度の精神障害がある場合でも、弁護士に相談することは可能です。

認知症の症状があったり、重度の精神障害がある場合は、法的なトラブルを抱えていても、自分で弁護士に相談に行くことは難しいと思います。身近で生活を支援しているケアマネジャーの方が、弁護士への相談につながるよう積極的にアプローチしていただきたいと思います。

そもそも、借金をした人が認知症だったり精神障害があるからと言って、借金を返さなくても良いものではありません。その意味では、借金がある以上は、弁護士に依頼をして債務整理をする必要があります。弁護士に相談する場合、支援者の方が同席して、本人の生活の様子を伝えてくださると心強いです。

2　弁護士に依頼することは、弁護士と「契約」をすること

弁護士に債務整理を依頼するということは、法律上は「委任契約」

という契約を結ぶことになります。「契約」ですので、契約が結べるだけの判断能力が必要になります。具体的には、自分で契約の意味や内容を理解できるだけの判断能力がないと、弁護士との委任契約を結ぶこと自体が難しいです。

そのため、認知症が相当程度進行していたり、精神障害が重度で契約をする意味や内容を理解することが難しい状況では、直ちに弁護士が依頼を受けることはできません。

3 弁護士との契約が難しい場合

認知症が相当程度進行していたり、精神障害が重度で契約をする意味や内容を理解することが難しい場合には、「成年後見制度」を利用して、成年後見人が債務整理の依頼をする必要があります。

（1）「成年後見制度」とは

「成年後見制度」とは、判断能力が低下している人のために、家庭裁判所から「成年後見人」という支援者を選任してもらい、成年後見人が本人に代わって財産を管理したり契約を締結したりする制度です。成年後見人には、親族や弁護士や社会福祉士などの専門職が選任されます。

（2）「成年後見制度」を利用する基準

どの程度の判断能力があれば、成年後見制度を利用しなくても弁護士に依頼する契約ができるのかは、明確な基準はありません。認知症の症状があったとしても、自分に借金があって弁護士に借金の整理を依頼することが理解できれば、依頼を受けることも可能ですし、精神症状が出ているからといって、弁護士が依頼を受けられないというわけではありません。

4　相談はお早めに

借金をなにもせずに放置しておくことは、好ましいことではありません。また、訴訟を起こされた場合の対応なども、通常とは少し違ったものになります。認知症であったり、重度の精神障害がある場合でも、まずは、早めに弁護士に相談することをおすすめします。

Q 1-13　借金を放置するとどんなことが起こるのでしょうか？

A 1-13　**すぐに何かが起こることはほとんどありません！まずは落ち着きましょう！**

消費者金融やクレジットカード会社から、利用者さんのところに、１週間以内に支払わない場合には法的手続を執ります、あるいは、強制執行や差押えを行います、という手紙が届いたのですが（放置してあるのを見つけたのですが）、どうしたらよいでしょうか、という、緊迫した雰囲気のご相談を受けることがあります。

ただ、多くの場合、すぐに何かが起こることはありませんので、とりあえずは安心していただければと思います。

まず、強制執行や差押えは、裁判所や公証役場が関与する手続で作成された債務名義という文書（判決・和解・執行認諾文言付公正証書等）がない限り、行うことはできません。なお、仮差押えという債務名義がなくても差押えができる手続がありますが、手間や費用がかかるため、少なくとも筆者は、相談の中で、消費者金融等が仮差押え等の保全手続を利用しているケースに出会ったことはありません。また、一般的な消費者金融からの借金であれば、公正証書を作成していることもまずありません。そのため、大雑把にいってしまえば、裁判所から通知をうけたことがなければ、いきなり強制執行や差押えをうけることはまずない、ということになります（ただ、以前、本人が裁判所からのお手紙を怖くなって未開封のまま捨ててしまい、そのことを支援者にも話せず、いきなり預金の差押えを受けた、という相談を受けたことがあります。なお、そういったケースでも本人の生活状況により差押の解除（差押範囲変更）申立てを行うことができ、そのケースも無事に解除となりました）。この、裁判所からの通知は、ほとんどの場合、特別送達等の書留郵便の形で送られてきます。特に普通郵便の場合は架空請求等の詐欺の可能性が高いのですが、利用者さんご本人は精神的にかなり追い詰められた状態にあるかと思いますので、期限を気にして早まった対応をすることなく、落ち着いて、まずは弁護士に相談に行くよう支援いただければと思います。

次に、法的手続を執る、というのは、強制執行や差押えの前提となる債務名義の取得に向けて、訴えを提起したり、支払督促を申立てること等を意味すると考えられますが、これらの手続は、仮に１週間後すぐに裁判所に申立てたとしても、裁判所で申立て書類を審査の上、ご本人宛に発送することになるため、利用者さんの手元に来るまでにはもうしばらく時間がかかることになります。また、そういった手続の利用にあたっては一定の費用もかかることから、法的手続を執るという表現は、実際には脅しに過ぎず、そのまま何も起こらない、と言ったケースも少なくありません。むしろ脅しにびっくりして督促状に記載のある電話番号に連絡したところ、そのまま一部を支払ってしまい、その後、時効が更新しているとの主張を受けたケース（この点については、Q１－５も併せてご覧ください）や、実は詐欺だった、というケースもあります。なお、万が一、実際に裁判所から通知が来た場合の対応については、コラム４も併せてご覧ください）

このように、法的には、借金の問題に慌てて対応する必要性はそこまで高くないのですが、かつて、貸金業者の過酷な取り立てにより多数の自殺者が生まれ社会問題化したことをご存知のご年配の方は、取立行為そのものに強い恐怖をお持ちの場合もあるかと思います。ただ、現在は貸金業法が改正され、過酷な取り立ては犯罪として処罰されることになっており、そういった面でも、慌てることなく安心していただければと思います。なお、信用情報（いわゆるブラックリストだと思われているもの）については、Q１－３も併せてご覧ください。

Q 1-14 突然、少し前に亡くなった遠い親戚の借金を請求されました。どうしたらいいですか？

A 1-14 **遅くとも請求が来てから３か月以内に、急いで相続放棄の手続を取るべきです。**

請求が来たということは、ご本人が、その亡くなった親戚の相続人の立場にあるということです。債権者である貸金業者などは、お金を借りていた人の相続人が誰か、戸籍を調べて請求の通知を送ってきます。

その人が亡くなったこと、そして自分がその相続人にあたることを知ってから３か月以内に相続放棄をしなければ、財産も負債も相続により引き継ぐことになってしまうというのが、民法の原則です（民法915条）。従って、親族が亡くなり、借金があるという場合には、亡くなったことを知ってから３か月以内に、相続放棄の手続を取らなければ、借金を引き継ぐことになってしまいます。

しかし、最高裁判所の判例で、生前の交流状況（没交渉であったなど）などに照らして、相続人が、亡くなった人に借金があったと知らなかったのもやむを得ないといえるときには、例外的に、３か月の期間は、借金の存在を知った時から起算するとされています。そこで、遅くとも、借金の請求が来てから３か月以内に、相続放棄の手続を取るべきです。

相続放棄の手続は、被相続人（亡くなった人）の最後の住所地を管轄する家庭裁判所に対し、相続放棄の申述書や戸籍謄本を提出して行います。単に親族間の遺産分割協議で自分の取り分をゼロとするのみでは、相続放棄をしたことにはなりませんので注意してください。

相続放棄の手続は、比較的単純な手続ではありますが、弁護士に依頼することもできます。法テラスを利用できる場合には費用は５万円もかかりません。期限を過ぎると相続放棄ができなくなってしまいますので、まずは急いで弁護士に相談してください。

Q 1-15 ご本人から相談はないのですが、どうやら借金があるご様子です。どうアプローチしたらよいでしょうか？

A 1-15 **ご本人の好きなことや趣味、楽しいと感じること、普段の生活のご様子などを共有したり、借金の背景にある生活課題か**

らお話を聞くのはいかがでしょうか。「債務」とは、借金、クレジットカードの立替金、売買代金、家賃、携帯電話料金、税金等を含むあらゆる負債（お金の支払義務）のことをいいます。

どうやら借金がある、と感じたところはどんなことでしょうか。

・ご本人ではなく周囲のご家族から伺ったのか

・それともポストに債権会社からの郵送物があったのか

《そのほか》

・生活上、例えばお金がなくて医療機関を受診できていない、食費が極端に少ないなど突出して少ない費目がある

・着ていない洋服が多くある、食べきれない量の買い物

・精神状態で気分高揚などが背景にあり浪費がみられるなど

・家賃など固定費が滞っている

など

支払いが滞っていることを直接たずねすると、ご本人も答えづらいかもしれませんので、借金ではなく、借金から派生する上記のような生活課題に触れるようなお話をされることも良いかもしれません。

あくまで一つのアプローチというところになりますが、生活課題に触れる前に「最近どんなところに行きましたか？」など、ご本人の日中の生活について触れるところからたずねるとよいかもしれません。

どんなところに出かけたかたずねると、どこでお金を使用されているかも把握しやすいところから、何に使用されたかということも伺いやすいかと思います。

また、好きなことはどんなことですか？とたずねると、最近好きなものはどんなものを買いましたかとたずねることにつながり、どれく

らい購入をされたかということも聞きやすいかとも思います。

そのほか、

・最近体調がすぐれないみたいだけど、大丈夫でしょうか？もしよかったら、どんな体調の変化があるか教えていただけませんかと伺うことで、医療機関の受診が医療費の工面が困難でできていないなどの課題が見えてくる可能性があります。

・高齢の方であれば、コロナでマスクや消毒などの用品を購入しなければならないし、物入りですよね、生活費は何とかなっておられますか？医療費も工面が大変ですよね、病院には受診できておられますか？

生活費の工面が心配だけれども、食事はとれていますか？と聞かれるのも良いかもしれません。

・年代にもよりますが、就労しておられる年齢であれば、コロナで大変だと思うけど、現在の収入はいかがでしょうか、固定費は支払えておられますかという聞き方もできるかと思います。

上記とともに、普段より、

・ご本人と一緒に楽しみや食事など同じ時間を共有しながら関係を構築していく

・ご本人が好きな話題について触れていく。そのほかストレングスに注目

・その中で、買っているものの話題に触れる

・困っていることがあったら一緒に考えるよと伝えておく

ということも意識されていると、ご本人もお話されやすいかもしれません。

Q 1-16 同居している家族に借金があることが分かりました。どうすべきでしょうか？

A 1-16 **どこまで介入すべきか悩ましいですが、本人の生活を守るために必要がある場合には、行政等と相談・連携して介入のきっかけをつくっていきましょう。**

1　家族の借金は、あくまでも家族の借金です

在宅で生活されている方を支援していると、同居している家族に借金があることが判明することもあることでしょう。

自分が担当している方の家族のことについて、どこまで介入して良いのか悩ましく感じることと思います。家族からしたら、借金があることを知られたくなかったり、第三者から干渉されたくないという気持ちがあるケースも少なくないと思います。家族の借金は、あくまでも家族の借金ですので、連帯保証人になっているなどの事情がない限り、本人が肩代わりする必要はありません。

また、家族の借金について債務整理が必要だとしても、家族の意思で債務整理をしなければならず、同居の家族でも、家族の代わりに債務整理を依頼することはできません。

2　連帯保証人とは

連帯保証人とは、実際に借金をした本人が返済できない場合に、代わりに払う義務を負う立場の人です。自分の借金でないのに返済しないとならないので、簡単に言うと、自分が借金したことと同じような立場になるとイメージしてください。

3 同居している家族に借金がある場合に注意すること

同居している家族に借金があり生活に困窮することで、支援が必要な方の生活にも悪影響が及ぶこともあると思います。家族が借金の返済のために本人の年金などを使いこむ危険もあります。また、金銭的に余裕がない生活をしていると、精神的にも余裕がなくなり、不本意にも本人に対する身体的・精神的な虐待に至ってしまうことも少なくありません。やはり同居の家族の生活も、借金の返済に窮することなく安定しているに越したことはありません。

その意味では、同居している家族に借金があることが判明した場合には、本人の生活を守るという観点からも、家族が弁護士に債務整理を相談できるようになることを念頭においていただければと思います。

4 支援者としてできること

支援者としては、まずは、本人の生活状況を把握して、虐待等の心配がないかをアセスメントしてください。そして、借用書などの資料があれば、本人が連帯保証人になっていないか確認をしましょう。

また、本人が不動産を所有している場合には、念のため不動産の登記事項証明書などをみて、不動産の状況を確認すると良いです。この点だけでも弁護士に相談することをおすすめします。経済的虐待が疑われるようであれば、行政（地域包括支援センター等）の虐待相談窓口に相談をすることも視野に入れましょう。そこから、家族が債務整理をするきっかけをつくることができるかも知れません。

家族のことは口出しできないということではなく、本人の生活を守るためにも、十分なアセスメントをして必要な支援につなげていただければと思います。

コラム 7

家族が本人名義でいろいろとお金を使ってしまいます

ケアマネジャーとして在宅で生活している方を支援していると、時折見ることがある状況だと思います。このような状況を見つけたら、できる限り正確に状況を把握するように努めていただきたいです。その上で、できるだけ早期に弁護士に相談してください。

まずは、クレジットカードの名義が誰なのか、契約内容はどうなっているのかを聞き取る必要があります。クレジットカードには、家族で共有できるカードもありますが、基本的には、クレジットカードの名義人のみが使用できるものですので、家族であっても無断で使用することはできません。家族としては、気軽に使用している可能性もあるので、頭ごなしに咎めることなく、事情を聞きとってみる必要があります。家族と交渉して状況が改善できれば良いですが、家族が本人の財産を使い込んでいるようであれば、場合によっては、経済的虐待だと認定されることもあり得ます。家族の理解が得られず、本人の財産を使い込む状況が改善できないのであれば、弁護士が介入して、早期に本人の財産を守る手立てを考えなければなりません。

まずは、カード会社に連絡をしてクレジットカードを停止する必要があります。場合によっては、成年後見制度の活用も検討する必要が出てきます。

さて、そのようにして、以降の被害は生じなくなったとして、それまでにクレジットカードを使用されてしまった分は支払わなくてはならないのでしょうか。

クレジットカードが使用された以上は、基本的にはクレジットカードの名義人が支払う必要がありますが、カードの盗難や紛失などで不正に利用されていた場合には、不正利用によって受けた損害が補償されることがあります。この点は、クレジットカード会社との契約内容によりますので、具体的には、契約内容（約款や会員規約等）を確認することになります。

注意が必要なのは、同居している家族が無断で利用したような場合は、必ずしも補償されるとは限らないことです。

クレジットカードは、基本的に名義人本人しか利用できないものですので、家族が簡単にクレジットカードを利用できる状況にしていたことについて、名義人に落ち度があったと判断されると、補償を受けることが難しくなることもあります。その場合、たとえ、家族が無断で使用していたとしても、利用された額を支払わなければならない可能性も否定できません。

仮に、債務整理をするとしたら、この支払いも含めて債務整理する必要がでてきます。そうしたことからも、できる限り早期に弁護士に相談してください。

Q 1-17 弁護士に相談・連携する際には、個人情報の取り扱いについてどのような配慮をすべきでしょうか。

A 1-17 情報共有にあたっては事前に本人の同意を得ましょう。

個人情報とは、生存する個人に関する情報で、特定の個人を識別することができる情報のことをいいます（個人情報保護法第２条１項）。このような個人情報を第三者である弁護士に提供するにあたっては、原則として「本人の同意」が必要になります（同法第18条１項）。

弁護士と情報共有をする際には、上記の個人情報保護法に加えて、守秘義務の観点にも留意する必要があります。

たとえば、ケアマネジャー（介護支援専門員）には、介護保険法第69条の37において、個人情報をはじめとする業務上知り得た秘密に関する秘密保持義務が課せられています。

> （秘密保持義務）
> 第六十九条の三十七　介護支援専門員は、正当な理由なしに、その業務に関して知り得た人の秘密を漏らしてはならない。介護支援専門員でなくなった後においても、同様とする。

したがって、担当しているご本人の法律相談の予約をする際に、本人の同意なく氏名や住所、これまでの支援経過について弁護士に伝えてしまうと、前記の秘密保持義務に反する可能性があります。

例えば法律相談の予約を代行する場合であれば、予約の電話をかける前に本人とよく相談し、相談予約に必要な個人情報は法律事務所に伝えてもよいか、本人からあらかじめ同意を得ておくことが安全です(本人の同意があれば、法律事務所への情報提供には「正当な理由」があるといえます)。可能であれば、電話の際には、本人同席のもと、スピーカーフォンにするなどして、本人にもやり取りが聞こえる状況が確保できるとベストでしょう。

事前にメールやFAX等で弁護士に本人の情報提供をすることがあるかもしれません。その際も、事前に本人から同意を得たうえで、弁護士に提供する情報を選択するようにしてください。なお、提供時には、万が一の誤送信に備えて、メールやFAXの本文に本人のフルネームを記載せずイニシャル表記にとどめておく、住所は市区町村までの記載にとどめておく等の配慮をするとよいでしょう。もちろん誤送信はあってはならないことですが、あらかじめ対策を講じておくことで、万が一の事態が発生した場合も、被害を最小限にとどめることができるようになります。

法律相談の場に同席する場合も、相談の主役はあくまで本人です。支援者が把握している情報であっても、本人が弁護士に伝えたくないことがあるかもしれません。支援者が本人をそっちのけで弁護士と話し込み、本人が伝えたくないことや今はまだ言いたくなかったことを、本人の気持ちを無視する形で披露することがないように気を付けましょう。

守秘義務は、弁護士にも課されています(弁護士法第23条)。そのため、支援者から進捗状況などについての問い合わせを受けた場合も、弁護士は依頼者である本人に個別に同意を取ったうえでなければ、情報共有をすることはできないのが原則です。

とはいえ、個別の同意を都度取り付けるのは煩雑ですので、初回法律相談の際に「今後は支援者の○○さんと、弁護士の私との間で、○○さん（本人）の債務整理のことについて、都度情報を共有してもいいですか」と本人に確認し、本人から包括的な同意を得ることで、個別同意をとる手間を避けることもあります。

支援に熱が入れば入るほど、「この情報も共有しておきたい」「あのことも伝えないと」と思いがちですが、個人情報保護の要請があることや守秘義務を負った職種であることを自覚し、本人の利益を害することのないようにしたいですね。

コラム8

ソーシャルワーカーとして法律事務所に入って

私は、2020年より２年間、法律事務所の常勤ソーシャルワーカーとして勤務しました。ご相談者の方の法的解決とともに法的解決後の人生に向けて、弁護士とソーシャルワーカーが協働して依頼者の方と一緒に検討してきました。法的解決は、民事、刑事、単発の法律相談など内容は多岐にわたり初回面談から同席させていただきました。

現在は、フリーランスとなり、法テラス業務支援室のソーシャルワーカーとして勤務するなど弁護士とソーシャルワーカーの協働の活動を継続しています。

法律事務所に来所される依頼者の方から感じたこと

もともと社会資源につながっている方もいましたが、つながっていない方も来所されていました。どちらかというと、後者の方が多かった印象を持っています。

一見社会参加できていて自立されているようにみえましたが、面談同席をさせていただき、お話を伺っていると、支払いが滞っていたり、家族や就労先の人間関係での悩み、ご自身のおかれている立場、目に見えない社会的な孤立、またはそれを感じているような状況、就労状況、生活状況や環境に課題があることを感じました。このような背景が顕在化している一部をご相談されているような印象をもちました。

また、法律相談を通して、ご本人が依頼された法的解決がすむと、本当に望んだ人生に向かえるのかということも検討する場となっていると感じています。先述を含め生活課題が把握され、本来困難な状況が生じている原因とその課題は何かを整理する場となると感じました。

債務整理においては、家計簿を持参していただく際、レシートは持参できても計算が難しい、数字が合わないなどから、精神的な状態が悪くて計算が難しくなっていることが把握され、医療機関への受診を再開したり、地域の社会資源につないだりしたことがありました。

面談を重ねることで、ご本人が今までの人生を振り返ることとなり、ご自身のつらさや苦しかったことがどんなことであったか、何を求めておられたのかということが見えてくるきっかけとなります。生活の現状からどのようにするとご自身の希望する生活に近づいていくのかということも検討してくださり、結果、購入時に必要なものと不要なものがはっきりとして、事件終了後には余剰が出てきたという事例もありました。ご本人は「面談を重ねることで生活の相談ができたのがよかった」と振り返っておられました。

費目のなかで突出して費用を要しているものがある背景には、お薬の影響があることがご本人のお話から把握され、主治医に相談する内容を一緒に検討した結果、処方変更により費用が減ったこともありました。

これらは、弁護士と一緒に仕事をした一部ですが、そのほか、刑事事件、後見、単発の法律相談などにも同席することがありました。

弁護士とソーシャルワーカーが、（法的解決後に）別々に支援に入るのではなく、ご相談時から面談に同席することで、弁護士とソーシャルワーカーがご本人の生活状況や状態、今後の希望する生活についてタイムラグなくその場で共有できること、ご本人の状況をオンライブで共有することにより、法的な解決の進捗や方向も検討できることで、ご本人の状況と法的解決の方向性のずれが生じず、法的解決がより早く的確に、確実に進められ事件終了できるように感じました。

依頼者の方々は、壮絶な人生を背負ってご相談にみえているということを理解しなければならないと、面談同席の度に感じています。そして支援にあたらせていただく度に、人生の経験値、ソーシャルワーカーとしての経験値等が求められていると感じています。

依頼者の方、弁護士、ソーシャルワーカーが、法的解決後の希望する生活という同じ方向性をめざして、一緒に進んでいくという気持ちをこれからも意識したいと思っています。

第2節

相談にあたって

いざ、弁護士さんに相談することになりました。

でも…

当日までにどんな準備をすべき？
相談前後で支援者はどう関わっていくべき？
この後、弁護士さんはどんなことをしてくれるの？

そういった質問に、お答えします！

Q 2-1 本人の相談には同行した方が良いのでしょうか？あるいは、同行してもよいのでしょうか？

A 2-1 **ぜひ同行・同席をお願いします！**

「弁護士」や「法律事務所」に対してどのようなイメージを持っていますか。

おそらくは「近寄りがたい」とか「怖い」といった印象が強いのではないでしょうか。支援者ですら尻込みをすることがあるくらいのですから、本人が一人で行くとなったらその心細さは相当なものです。

法律相談、特に初回の相談には、可能な限り同行・同席をしてください。本人は、場合によっては前夜から緊張し、なにを話そうか、どんなことを質問されるのか、怒られたりはしないかと不安でいっぱいです。そんなときに、見知った支援者の顔を見るだけで、緊張や不安は和らぐものです。「同行・同席する以上は、弁護士にきちんと情報を伝えなければ！」と意気込む必要はありません。本人は、支援者が横にいてくれるだけで心強いのです。同席する支援者は、本人の話に耳を傾け、本人が話に詰まったときにさりげなく助け舟を出すだけでも大丈夫です。

もちろん、弁護士にとっても支援者による同行・同席は歓迎すべきことです。本人一人では緊張してうまく話せなかったり、そもそも法律事務所までたどり着けないことも多い中、支援者が法律事務所までの同行をし、相談の場でも適宜補足をしてくれることで、短時間でも効率的な法律相談をすることが可能になります。

もっとも、同行･同席は、本人がこれを希望することが大前提です。仮に、本人から「法律事務所には一人でいきたい」という申し出があった場合は、無理に同行せず、最寄り駅からのアクセスマップを手渡す程度の支援にとどめ、本人の意思を尊重することも考えられます。また、同行した場合でも、「法律相談の場には自分一人で臨みたい」「支援者には同席をしてほしくない」という人もいらっしゃるかと思います。弁護士も相談スタート時には支援者の同席の可否を本人に確認します。仮に、そこで本人が支援者の同席を拒否した場合には、本人にその理由を問い詰めたりせず、いったんは別室でお待ちいただけると嬉しく思います。

初回相談に同行・同席いただいた場合も、２回目以降の相談や打ち合わせに同行・同席いただく必要があるかどうかは、ケースバイケースです。支援者が毎回同行・同席するとなると時間的な負担も相当なものになりますので、その点は本人や担当弁護士とも協議しつつ、無理のない範囲で支援をいただけたらと思います。

Q 2-2 相談前に何か準備しておくべきことはありますか。どんなことをお話ししたら良いですか？

A 2-2

- **負担している債務の内容、資産の内容、家計の収支の状況、債務が増えてしまった理由等をお話ししていただきます。債務に関する資料、保有する財産や収入に関する資料をできるだけご準備ください。**
- **債務整理の相談の際には、①ご本人が負担している債務の**

内容と現在の支払状況、②収入と支出の状況、③保有している資産の内容、④債務が増えてしまった理由等を確認させていただきます。

1　債務の内容—どこにいくらを支払わなければならないか

債務整理の相談では、まず、債務の内容—「本人がどこにいくらを支払わなければならないのか」—を確認します。借用書、請求書、裁判所からの訴状や支払督促、クレジットカード等をお持ちください。債務の内容に関する資料は、「借りた」お金に関する資料に限りません。税金や社会保険料に関する督促状や催告状、家賃の滞納に関する資料等も含め、「本人が支払わなければならないお金」に関する資料をできるだけ集めて相談に来ていただけると、相談がスムーズになります。

請求書等の資料を捨ててしまった、見つからないという場合でも、債権者がどこか分かれば、債務整理を受任後に、弁護士が借入の時期や債権の残額等を調べることはできますので、「どこに支払わなければならないか」はメモをする等してください。

お持ちいただいた債務に関する資料を確認しながら、借入等をした時期、支払日に遅れずに支払いができているのか、既に遅れていたり、支払いが止まっている債務はあるのか等をお聞きしていきます。

2　収入と支出の状況—毎月、いくら入って、いくら出ていきますか？

本人の毎月の収入と、生活するために必要な支出がどれくらいあるのかをお聞きします。これは、生活に必要な支出をした後に、債務の返済をする余裕がある程度はあるのか、全くないのかを確認するためです（債務の返済をする余裕が全くない場合、自己破産以外の債務整理をすることは困難です）。

記帳した通帳やネットバンクの取引明細を用意していただけると、毎月の支出が確認できます。収入を確認できる資料として、給与取得者の方なら給与明細や源泉徴収票を、個人事業主の方なら確定申告書や売上台帳、現金出納帳をお持ちください。

3　本人の資産状況

本人の自宅が持ち家か賃貸か、持ち家なら誰の名義か、預貯金の額、車の保有の有無、加入している保険、有価証券等、本人が保有している資産の内容についてお聞きします。

債務整理として自己破産を選択する場合、本人が保有している財産の内容によっては、「管財事件」になる場合があります（Q２－７参照）。

また、管財事件になった場合、破産した後も本人の手元に残せる財産と、破産管財人に処分される、本人の手元には残せない財産があります。自己破産を選択した場合に、管財事件になるか同時廃止事件になるかの見通しを立てたり、破産した後も本人の手元に残せる財産の範囲を確認するために、本人が現在保有している資産の内容を確認していきます。

不動産登記簿謄本、預金通帳、車検証、保険証券等、お持ちの資産の内容が分かる資料をできるだけご用意いただけると手続の見通しや手元に残せる財産の範囲についての判断がしやすくなります。

4　債務が増えてしまった理由

債務整理の相談では、本人が負担している債務について、なんのために借りて（債務を負担して）、何に使ったのかもお聞きします。

生活費の不足を補うため、住宅ローン、自動車ローン、教育費等のローン、様々な物品の購入、投資のため、ギャンブルに使うため、親族や友人の保証人になった等、債務を負担する理由にも様々なものがあります。

債務が増加してくると「借金を返すために」借金をしてしまうこともあります。借金をした理由が、ギャンブルや浪費の場合、本人にほとんど財産がなくても「免責不許可事由」についての調査のため、「管財事件」になることがあります（Q２－７参照）。

また、債務の負担や借入の態様に問題が無かったかも確認することがあります。例えば、もう借金を返しきれない状況にあるにもかかわらず、「クレジットカードのショッピング枠の現金化」（最初から、換金することを目的にしてクレジットを利用して商品を購入して、換金処分すること。最近では、プリペイドカードをネットで購入し、買取業者にネット上で売却する等、ネットで完結してできてしまうショッピング枠の現金化もあります）をして借金を返すといった破綻をいたずらに先延ばしにし、債務の総額は増やしてしまうような行為があった場合や、職業・収入・他からの借入の有無等について嘘をついて借入を行った場合等も、本人にほとんど財産がなくても、「免責不許可事由」の調査のために管財事件になることがあります。

自己破産を選択した場合に、管財事件になるか同時廃止事件になるかの見通しを立てるためには、「不当な債務負担」や「嘘をついての借入」等がなかったかも確認する必要があります。

浪費やギャンブルをしてしまった、借金が増えてから、苦し紛れに「クレジットカードのショッピング枠の現金化」をしてしまった、支払い日の迫っている借金を返すために、他に借金があることは隠して借入目的について嘘をついて借入をしてしまったといった事情は、本人にとって話すのが辛い、非常に言いにくい内容だと思います。話さないで債務整理をすることができないのか、と思ってしまうかもしれません。

しかし、問題のある借入をしてしまう程、経済生活が破綻した人にとって、免責許可決定によって原則として全ての債務について支払いを免れる（例外はあります）自己破産が経済的に破綻した生活の再建のために最も有効な手段です。

そして、破産手続において、裁判所や破産管財人に対して嘘の説明をしたり、求められた説明を拒絶することも、「免責不許可事由」とされている一方、「自己破産をする前にしてしまった」免責不許可事由があっても、行ってしまった免責不許可事由該当行為についてきちんと説明し、現在ではそのような行為を行っていなければ、免責不許可事由があっても、まず「裁量免責」になります。

自己破産を受任した弁護士は、借入の目的や態様に問題のあるケースこそ、確実に免責許可決定が出されるように、（たとえ本人があいまいに誤魔化したくても）事実をきっちり確認しなければならないことを、相談に同行されるケアマネジャーの方々にご理解いただければ幸いです。

Q 2-3 債務整理とは具体的にどのようなことをするのでしょうか？

A 2-3 **債務整理とは、法的に借金問題を解決する手段の総称で、任意整理や、自己破産、個人再生、消滅時効の援用等の方法があります。**

債務整理とは、支払わなくてはならないお金について、支払わなければならない額を減らしたり、支払う責任を免除してもらったりして、本人が「支払わなければならないお金」の問題を整理する手続の総称です。

ここでは債務整理のうち、自己破産について、具体的にどのようなことをするのか説明します。

任意整理の場合

債権者との交渉により、債務整理後に発生する将来利息をカットしてもらった上で、３～５年程度の期間で債務を分割弁済します。平成22年６月以前から借入をしていた方の場合、「引き直し計算」により、借入の元本が減額したり、「過払金」が発生する場合もあります。平成22年６月に「改正貸金業規制法」が施行される以前は、消費者金融やカード会社等は、「利息制限法」の上限金利（15％～20％）を超える金利で貸付を行っていました。

具体的には、利息制限法の規定する制限利率（年15％～20％）は越えるけれど、「出資の受入れ、預り金及び金利等の取締りに関する法律」の規定する上限金利（年29.2％）を越えない範囲の金利（グレーゾーン金利、と言われていました）で貸付を行っていました。グレーゾーン金利での貸付は、刑事罰の対象にはなりませんが、原則として民事上無効であり、たとえ支払ってしまっても返還請求が可能なものでした。

そのため、グレーゾーン金利で借入を行っていた方が「任意整理」をすると、取引開始時に遡って利息制限法の上限金利（15～20％）で「引き直し計算」をすることにより、元本が減額したり、取引年数が長い場合には過払金が請求できることもあります。

しかし、平成22年6月の改正貸金業法の施行により、利息制限法を超える金利での貸付が認められなくなりました（グレーゾーン金利の廃止）。

現在の債務整理では、借入は全て利息制限法の範囲内の金利という方が多く、任意整理によって元本が減少したり、過払金が戻ってくることは少なくなっています。利息制限法の範囲内での借入の場合、任意整理としては、将来利息のカットをした上で、3～5年程度の期間で分割払いをすることになります。

将来利息がカットされることで毎月の支払額が減少すれば3～5年にわたって「返済し続け」「完済する」ことが可能な方であれば、任意整理は有効な債務整理になります。

自己破産の場合

①本人の資産や収入では、債務を払いきれないことを裁判所に説明して「破産手続開始決定」を出してもらったうえで、②本人に「免責不許可事由」がない、又は免責不許可事由があっても裁量免責になるべき事情があることについても裁判所や（管財事件の場合には）破産管財人に説明し、「破産手続開始決定」の時点で負っている債務について「免責許可決定」を出してもらいます。免責許可決定により、本人は債務を支払う責任を免れることになります。

そもそも「破産した」とはどういう状態かというと、本人の資産や収入では、本人が負っている債務を払いきることができないと裁判所が認め、本人について「破産手続開始決定」が出された状態をいいます。債務を負っている本人が、裁判所に対して、「破産手続開始決定を出してください、そして私が破産手続開始決定の時点で負担している債務について、免責許可決定を出してください」という趣旨の申立てを行うのが、自己破産の申立てです。

自己破産の申立てがこのような内容ですから、申立ての際には、本人の資産や収入では、債務を払いきれない状態にあることを、客観的な資料を添付した書面でもって、裁判所に説明しなければなりません。本人の債務に関する資料、保有する資産に関する資料（例：通帳、保険証券、車検証等）、収入に関する資料（例：給与明細、年金振込通知書、確定申告書、課税非課税証明書）を集める必要がありますし、家計の収支表も作成しなければなりません。家計の収支表は世帯単位で作成しますので、本人に生計を同じくする同居の家族がいる場合、家族の協力が必要になります。

債務に関する資料については、債権者がどこかが分かっていれば、弁護士が金融機関、消費者金融、信販会社等の債権者に、「受任通知」（自己破産を受任したことと、現在の債権額や取引経過について回答を求める内容の通知）を発送することで集めることができます。弁護士から持参を求められた収入や資産に関する資料を集め、打ち合わせの際に確実に持参してもらう点については、本人に頑張ってもらわなければなりません（ケアマネジャーの方々には、是非ご協力をいただきたいところです）。

また、自己破産の申立ての目的は、本人が負っている債務について免責許可決定を出してもらうことですから、「免責不許可事由がないこと」、あるいは「免責不許可事由があっても裁量免責になるべき事情があること」を説明しなければなりません。借入の目的（生活費の不足のための借入なのか、ギャンブルや浪費のために借り入れたのか等）や借入をした際の事情（借金を返しきれない状況になってから新たに借入をしていないか等）、現在の生活状況（家族構成、就労状況や健康状態等）等についても、書面で説明することになります。

自己破産を受任した弁護士は、裁判所から免責許可決定を出してもらう観点から、本人から上記の内容に関する聞き取りを行い、その内容を書面にまとめ、「破産手続開始申立て」の申立書を完成させていきます。

破産手続開始決定が出た後は、免責に関する手続があります。破産管財人が選任されない同時廃止事件の場合、新型コロナウイルス感染症以前は、裁判所で「免責審尋期日」が開催され、本人が裁判所に赴いたうえで、裁判官との面接（ただし、1対1ではなく、他の破産した方々と合同で行われる「集団免責審尋」の場合が多いです）を受けることが一般的でした。新型コロナウイルス感染症後は、この免責審尋も、裁判所からの書面による照会とそれに対する書面による回答をもって行われることが多くなっているようです。

破産管財人が選任された場合の、破産管財人による免責調査については、Q2－7をご覧ください。

個人再生の場合

個人再生手続では、全債権者に対する返済総額を民事再生法の規定に基づいて減額し、その減額した後の金額を原則3年間（最長5年間）で分割して返済する再生計画を立て、裁判所に提出します。裁判所が、債権者の意見を聞いたうえで再生計画を認めれば、本人は、その再生計画どおりの返済をすることによって、残債務（養育費・税金など一部の債務を除く）の免除を受けられます。

個人再生手続には、主に個人事業主を対象とした⑴小規模個人再生手続と、サラリーマンを対象とした⑵給与取得者等再生手続があります。⑴小規模個人再生手続を利用するには、①住宅ローンを除く債務の総額が5000万円以下であること、②将来にわたって継続的に収入を得る見込みがあることが必要です。⑵給与取得者等再生手続を利用するためには、①②の要件に加えて、③収入が給料などで、その金額が安定していることが必要になります。なお、給与取得者等再生手続を利用できるサラリーマンが、小規模個人再生手続を利用することもできます。

個人再生手続では、「住宅資金特別条項」を定めることで、住宅ローンについては、従来の約定通りの支払いを続けて住宅ローン支払中の自宅を残すことができます（この場合、住宅ローンについての返済額は、他の債務のように少なくすることはできません）。個人再生において、債権者に対して、手続上「最低限返済しなければならない金額」は次のとおりです。

・小規模個人再生手続の場合

住宅ローンを除く債務の総額に応じた最低弁済額のおおよその目安は以下の通りです。

100万円未満の人・・・・・・総額全部
100万円以上500万円以下の人・・・・・・100万円
500万円を超え1500万円以下の人・・・・・・総額の５分の１
1500万円を超え3000万円以下の人・・・・・・300万円
3000万円を超え5000万円以下の人・・・・・・総額の10分の１

・給与所得者等再生手続の場合

上記⑴の小規模個人再生の場合の最低弁済額と、本人の可処分所得額（本人の収入の合計額から税金や最低生活費などを差し引いた金額）の２年分とを比較して、多い方の金額が最低弁済額となります。

また、個人再生の場合、「本人が破産した場合の配当額以上は弁済しなければならない」（清算価値保証原則）というルールもあります。そのため、本人の財産の状況によっては、最低限返済しなければならない金額が上記の(1)(2)で記載した最低弁済額を上回る場合もあります。

法律上定められた最低限弁済しなければならない額を上回る額を原則３年で支払う内容の再生計画を立てて裁判所に提出し、裁判所に再生計画を認可してもらうことで、再生計画に定めた額だけを弁済すればよいことになります。

なお、小規模個人再生の場合、「過半数の債権者が再生計画に積極的に反対しないこと」も必要になります。

裁判所に再生計画を認可してもらうためには、「本人は、その再生計画を確実に履行できる（履行可能性がある)」、と裁判所に判断して貰わなければなりません。

そのため、再生計画を提出するまでの間にも、本人に、再生計画において支払うことになる金額を毎月積み立てさせたり、履行可能性に関する報告書を提出するといったことも行います。

個人再生手続を選択する方は、住宅ローンを支払中の自宅を残したいという方が多いです。その場合、住宅ローン以外の債務は大幅に減額されても、住宅ローンは従前通りの額を支払っていくことになります。

消滅時効を援用する場合

消滅時効を援用する場合については、１－４をご覧ください。

Q 2-4 弁護士と債務整理に関する契約をすることになりました。契約すると何をどこまでやってくれるのでしょうか？

A 2-4 **債務の調査をした後、任意整理ではご本人と相談して月々の弁済額を決め、ご本人を代理して各業者と分割払いの和解をします。自己破産では、ご本人と打合せをしながら裁判所への申立ての準備をし、申立てをした後は裁判の期日にご本人と一緒に出席します。**

受任後の流れは、大要、以下のとおりです。

1　債務の存否や額の調査

まず、弁護士が、ご本人からお聞きした各債権者に通知（受任通知といいます）を送り、弁護士が債務整理事件を受任した旨、従って今後の債権者からの連絡は弁護士にしてもらいご本人には直接取立ての連絡をしないようにという旨、債務の存否・額・取引の経過を届け出てくださいという旨を通知します。この段階では、債務額の全容が正確には不明なので、その後の方針について任意整理とも、自己破産とも明記しないことが多いです。

この通知に対し、債権者各社からの返事が来て、債務の現在額の全容が把握できるまでに、２～３か月かかることが通例です。債務額を把握した上で、改めて、分割して返済していくか（任意整理）、自己破産かの方針を最終的に決定し、次の段階に進みます。弁護士により、債務調査の間は打合せを行わないこともありますが、債務調査の結果いかんにより方針に変更がなさそうな場合には、次の段階に向け、債務調査の間も打合せを行うことが多いです。

その後は、任意整理や自己破産となります。

2　任意整理の場合

⑴　ご本人と協議し、毎月の収入から、弁済にあてることのできる額を決めます。債権者によりますが、弁済の期間は長くとも60回払い（５年間）程度ですから、その程度の期間内に返済することができないのであれば、任意整理の方針はとれないことになります。

⑵　毎月の弁済予定額を、ご本人が実際に支払っていけそうか確かめるため、いわば試運転のために、数か月間弁護士のもとに積立てをするよう指示する弁護士が多いです。積み立てたお金は、後で各債権者と和解する際に、最初の頭金として支払うことが多いです。

⑶　積立ての状況をみて大丈夫そうであれば、弁護士から、各債権者に、分割払いの和解の提案をし、交渉します。その交渉の過程で、債権者の社内での検討のために、ご本人や家族の情報（勤務先、世帯人員、収入の状況、家計の状況など）を伝える必要があることもありますので、ご本人と協議し、必要に応じて情報を開示します。

⑷　協議がまとまったら、各債権者との間で、ご本人を代理して、分割払いの和解契約書を取り交わします。

⑸　各債権者との和解の内容をご本人に説明し、和解に従って、ご本人に分割払いを開始してもらいます。弁護士により、初回の支払いについては弁護士が預かっているお金（ご本人が積み立てたもの）から行うこともあれば、積立てはさせず、初回からご本人に支払っていただくよう指示することもあります。このように、分割払いの合意をまとめた後に、ご本人に弁済を引き継いで、事件終了となります。

3　自己破産の場合

⑴　ご本人との打合せ

自己破産の手続は、裁判所に、債務を弁済できない状態にあることを説明し、「免責許可決定」といって、借金を返さなくてもよいという決定をしてもらうというものです。裁判所に、申立書とともに、ご本人が債務を弁済できない状態にあることを説明するための、所定の各種資料を提出しなければなりません（Q２－５を参照）。そこで、依頼を受けた弁護士は、ご本人と打合せをして、借金ができた事情や現在の財産・収入の状況を聞き取るとともに、裁判所に提出するための資料をご本人に依頼して持ってきてもらい、提出の準備をします。必要な資料は多岐にわたりますので、多くの場合、月に１回以上、複数回打合せを行って、準備をしていくことになります。また、管財事件になる場合（Q２－７参照）に管財費用の積立てが必要なときは、打合せをしながら並行してご本人に積立てをしていただくことになります。

⑵　申立て

打合せを経て聞き取った事情を書面にまとめ、打合せでご本人から受け取った資料を添付して、裁判所に申立てをします。申立ての際には手数料や官報公告費、管財費用などの費用を支払う必要もありますので、ご本人から預かったお金からこれを支払います。

⑶　管財人との打合せ、期日への出席

管財手続の場合（Q２－７参照）には、申立てから数週間以内に、管財人（裁判所が弁護士の中から選びます）の弁護士事務所に、ご本人と一緒に行って、面接に同席します。管財人は主にご本人から借金のできた事情や生活状況などを聴取しますが、必要に応じ、弁護士（申立てを代理している弁護士なので、「申立代理人」とよばれます）も事情を説明したり、ご本人と管財人との意思疎通を補助します。管財人から追加の事情説明や資料を求められることもありますので、ご本人に準備していただいて、申立代理人を通じて管財人や裁判所に提出します。

管財手続の場合、申立てから３か月程度後に債権者集会という期日が裁判所で開かれますので、申立代理人は、ご本人とともにこの期日に出席します。管財人が選任されず比較的簡単な手続で終わる「同時廃止事件」の場合には、申立てから３か月程度後に「免責審尋」という期日が裁判所で開かれますので、申立代理人は、ご本人とともにこの期日に出席します。

⑷　免責許可決定が裁判所から出され、１か月程度経過してその決定が確定したら、事件終結となります。

このように、債務整理事件では、弁護士に依頼した後も、ご本人にやっていただくことが沢山あります（詳しくはQ２－６をご参照ください）。弁護士が受任通知を送ると債権者からの取立がやむので、油断してしまう方もいますが、弁護士だけでは事件を進行させることができませんので、ご本人にも主体的に取り組んでいただく必要があります。支援者の方には、弁護士と契約したからといってその後全く関知しないのではなく、Q２－７で詳しく述べますが、ご本人と弁護士との打合せの補助、ご本人が弁護士から指示された書類の取得・収集の補助など、適切なサポートをお願いします。

Q 2-5 お金を支払う以外に、ご本人がすることはなにかありますか？

A 2-5 **任意整理の場合は、毎月の返済金額の決定等をする必要があります。また、自己破産の場合は、弁護士との打ち合わせや必要資料の収集をする必要があるほか、裁判所や破産管財人の弁護士の事務所に行かなければならないこともあります。**

1　はじめに

弁護士や司法書士（以下、「弁護士等」）に債務整理を依頼したからといって、後は全部弁護士等にお任せして終わり・・・というわけではありません。債務整理の方法として任意整理を選択したにせよ、自己破産を選択したにせよ、ご本人にしていただくべきことは色々とあります。

ただ、任意整理と自己破産とでは、裁判所の関与の有無に違いがあり、その手続も法的効果も全く異なることから、結果的に、ご本人にやっていただくべきことにも大きな違いがあります。

そこで、以下では、任意整理と自己破産に分けて説明します。また、最後に任意整理・自己破産を問わず、ご本人の家計管理にとって大切な家計簿についても補足します。

2　任意整理の場合

任意整理は、裁判所が関与せずに、一つ一つの債権者との間で個別に和解をして、支払い方法を決めていく債務整理です。

そのため、任意整理は、依頼した弁護士等と債権者との交渉が中心となり、依頼者ご本人が積極的に関わる場面は、自己破産に比べて少ないといえるでしょう。

ただ、任意整理では、まずご本人が毎月支払いに回せる金額の総額を決めた後、弁護士がその金額を按分して、個々の債権者への毎月の返済額を決めることになります。そこで、ご本人には、弁護士と相談しながら、毎月の収入の中から、家計のために必要な金額を差し引いて､返済にあてることができる金額を決めていただく必要があります。

また、債権者に比較的長期間の分割払いをお願いする場合（具体的には３年・36回払い以上くらい）は、債権者から、会社内部での審査のために必要になるということで、依頼者の生活状況（世帯人数、稼働人数、勤務先等)、毎月の家計の収支状況、収入証明等の提出を求められることがあります。

そんなときは、弁護士等からの指示に従って、弁護士等に生活状況を説明したり、家計の収支状況を作成したり、収入証明等の資料を準備したりする必要があります。

3　自己破産の場合

(1)　自己破産は、任意整理と異なり、裁判所が関与する法的整理の一種です。しかも、任意整理が、基本的には個々の債権者の承諾の下分割で返済していくことになる（つまり、結果として、債権者には大きな損失がない）のに対し、自己破産は、最終的に「免責許可決定」が下りてこれが確定すると、税金等の一部の債務を除いて、債権者は返済を求めることができなくなるという強力な法的効果があります。

そのため、自己破産では、任意整理と比べて、手続がはるかに厳格になっており、結果として、ご本人にご協力いただくことも非常に多くなっています。

(2)　まず、自己破産の申立ての際には、裁判所に各裁判所の書式に従った自己破産申立書と、それに加えて「疎明資料」と呼ばれる各種資料を提出する必要があります。

そして、裁判所に提出する自己破産申立書には、かなり詳細な事情を記載する必要がありますし、それに応じて「疎明資料」も様々な資料を付ける必要があります。

申立書に記載すべき事項の具体例としては、債権者名・住所・負債額、借入の使途、財産の内容や金額、過去２年間に処分した財産の内容・処分価格、家族構成、現在の住居の状況・家賃等の金額、過去から現在までの勤務先・給与等、過去の結婚・離婚・養子縁組等の履歴、自己破産に至った具体的な経緯、過去の浪費やギャンブル等や財産の不当な処分等の「免責不許可事由」に関する事情、過去の自己破産歴、申立て直前の家計の状況等があります。

また、申立書に添付すべき「疎明資料」の具体例としては、住民票、申立て前過去２年分の預貯金通帳の履歴、保険証券・解約返戻金計算書（保険契約）、株式保有明細・取引残高報告書（株式・投資信託）、車検証・見積書（自動車・オートバイ）、登記事項証明書・固定資産評価証明書（不動産）、給与明細、年金振込通知書（年金受給者）、生活保護受給証明書・保護決定通知書（生活保護受給者）、源泉徴収票・課税証明書、賃貸借契約書、離婚協議書等があります。

以上のとおり、自己破産申立書作成のために必要な事情や疎明資料は多岐にわたっており、これらの準備のためには、弁護士等との綿密な打ち合わせが必要になりますし、ご本人による資料の探索・取得も必要です。仮に、紛失や廃棄によってご本人の手元に資料がない場合でも、「ありませんでした。」では済まされないことがほとんどですので、改めてご本人に各方面から資料を取り寄せていただく必要もあります。

(3) 自己破産申立書と疎明資料の準備が終わり、裁判所に自己破産申立てができて、無事裁判所から「破産手続開始決定」が出たとしても、それで終わりではありません。

裁判所から、破産手続の進行のために「破産管財人」（弁護士の中から選ばれます）が選ばれる所謂「管財事件」となった場合は、破産管財人の事務所で打合せをしたり、破産管財人から事実確認を求められたり、資料の追加提出を求められたりしますので、ご本人には、弁護士等のサポートを受けつつも対応する必要があります。そして、弁護士等の同行の下、裁判所で開かれる「債権者集会」にも出頭する必要もあります。

また、破産管財人が選任されずに比較的簡易な手続で終わる「同時廃止事件」となった場合でも、裁判所から追加の事実確認や資料提出を求められる場合があるので、それらに対応する必要がありますし、裁判所で開かれる「免責審尋」と呼ばれる手続（集団で行われる場合、個別の面談形式で行われる場合があり、裁判所によって異なります）に出頭を求められることもあります。

4 家計簿について

そもそも、債務整理をする必要に迫られたということは、何らかの形で家計が破綻してしまったことが背景にあることがほとんどだと思います。

たとえば、収入以上の家計支出を慢性的に続けてきたために借入に頼って、最終的に家計が回らなくなって債務整理をしたという方をイメージしてみましょう。この方が債務整理をして債務の問題が解決できたとしても、収入の範囲で家計をやり繰りするということを身に付けられなければ、近い将来また家計が破綻してしまうでしょう。

そのため、任意整理にせよ自己破産にせよ、債務整理の原因に家計管理の拙さが見受けられる場合には、家計簿をつけるよう指示・指導をする弁護士等が多いと思います。この場合には、ご本人に家計簿をつけていただくことになります。

特に自己破産の場合、上記3⑵で述べたとおり、自己破産申立書に直近の家計の状況を記載することが求められます。そのため、弁護士等から特段の指示がなくても、ご本人には家計簿をつけていただくことが望ましいです。

コラム❾

家計簿をつけてくださいと言われたのですが

自己破産を選択するかどうかにかかわらず、借金をどのように整理していくかの判断をする上で、本人の収支を把握することはとても大切なことです。

月々、どのくらい借金の返済をしているのか（またはしなければならないのか）を把握するという意味でも、家計簿をつけることは重要です。

まずは、本人の収支が分かるように、手書きでも良いのでメモを作成していただきたいです。支援者の方には、そのお手伝いをしていただきたいです。気負うことなく、純粋に月々の収入と支出が分かるように記録を残すことが大切です。

公共料金や電話代などの生活費は、領収書などで確認して、なるべく正確に把握できた方が望ましいです。本人の口座から引き落としがされている支払いがあれば、差し支えない範囲で本人の口座を確認できると、正確に収支が把握できると思います。

支援者にとっては、本人の口座の中身まで見ることには抵抗があるかもしれませんが、支援者が詳しい情報を把握できていると、弁護士が債務整理の手続を進める上で、連携がしやすくスムーズにいくと思います。

この過程の中で、収支を改善する必要があったり、不要な（または怪しい）支出をしていることが発覚すれば、新たな支援に結び付くこともあると思います。

収支を把握した上で、本人の資力では借金が返済できない場合には、自己破産の手続をする必要があります。

この場合、裁判所に月々の収支を示すために、申立前２か月分の家計簿を提出することになります。裁判所に提出する家計簿は、最終的には手続を受任した弁護士が所定の様式で作成します。

支援者の方は、裁判所に提出するものだと気負わずに、なるべく正確な収支を把握するように、本人をフォローしていただけると良いと思います。

Q 2-6 債務整理中に、私たちがした方がいいこと、しない方がいいことがあったら教えてください。

A 2-6 **支援者の方にしていただいた方がよいこととしては、任意整理での毎月の返済金額を決める際の助言、自己破産での弁護士との打ち合わせの同席や資料準備のサポート、家計簿作成の指導等のサポート、ご本人の精神的サポート等が考えられます。**

一方で、していただかない方がよいこととしては、債務整理の方針に関わることについての助言が挙げられるでしょう。

1　支援者にしていただいた方がよいこと

Q２－５において説明したとおり、債務整理では、任意整理にせよ自己破産にせよ、ご本人に様々な準備等をしていただく必要があります。

ところが、ご本人が認知症の場合は勿論、そうでなくとも、加齢やご病気等によりご本人の認知機能が低下しているような場合は、債務整理に向けた準備をすることが難しい場合もあります。実際、弁護士等が事前にお願いした資料を、ご本人が準備して来ないことを繰り返して、債務整理が一向に進まないということもよく見受けられます。

そこで、ケアマネジャー等の支援者には、債務整理に向けた準備をサポートしていただけると大変助かります。

まず、任意整理では、ご本人に、弁護士等と相談しながら、毎月の収入の中から、家計のために必要な金額を差し引いて、返済にあてることができる金額を決めていただく必要があります（Q２－５「２　任意整理の場合」参照）。つまり、毎月の定期収入から可処分所得を計算し、更にその中から、毎月安定して返済を続けていくことが可能な金額を算出していただくことになります。

例えば、月30万円の収入があり、毎月の家計のランニングコスト（家賃、水道光熱費、通信費、交通費、教育費、医療費等）が17万円あるとすると、13万円が可処分所得となりますが、それを全額返済に回してしまうと、何か突然の出費に見舞われた場合に、いきなり家計が破綻しかねません。そのため、可処分所得から、想定され得る様々なコストを差し引いた上で、毎月の返済金額を決めることになります。

ところが、そもそも債務整理をすることになった方は、収支計算を苦手としていることが多く、上記のような計算をした上で適切な金額を算出することができない方も多く見受けられます。

もちろん、弁護士等が、ご本人の能力を踏まえて、家計状況をしっかりと考慮した上で、返済金額を算出すればよいのですが、残念ながら全ての弁護士等が、そこまで配慮してくれるとは限りません。

そのため、ご本人が、弁護士等から毎月返済に回せる金額を考えるよう求められても、ご本人に不安があるような場合は、金額の計算をサポートするとよいでしょう。

続いて、自己破産の場合は、任意整理と異なり、弁護士等との打ち合わせで、様々な事情を聞かれたり、「疎明資料」として様々な資料の準備を求められたりします（Q２－５「３　自己破産の場合」参照）。

しかしながら、ご本人の認知機能の低下により、弁護士等からの事情聴取への受け答えがままならなかったり、資料の準備ができなかったりする場合（認知機能の低下により、荷物や書類の片付けがままならなくなる方は多く見受けられます）は、自己破産申立ての準備自体が進まなくなってしまいます。そして、弁護士等は、基本的に、認知機能が低下した方への対応方法や接し方を学んでいませんので、ご本人への対応に苦慮して、そのまま辞任してしまう可能性が高いです。

そこで、ご本人や弁護士等から求められた場合は、弁護士等との打ち合わせに同席して、ご本人の受け答えをサポートしたり、自宅での資料探しや関係各所への資料の依頼等を手伝ったりするとよいでしょう。

任意整理の場合であっても、自己破産の場合であっても、ご本人の家計管理の拙さが債務整理の背景にある場合は、家計簿をつけることを弁護士に求められることがあります（Q２－５「４　家計簿について」参照）。

ところが、それまで家計簿をつける習慣がなかった方が、高齢になっていきなり家計簿をつけようとしても、なかなか上手くいくものではありません。そのため、弁護士等から、家計簿をつけるよう指示されたものの、具体的な家計簿のつけ方について指導・助言等がないような場合や、弁護士等から指導・助言等があっても、ご本人が作成に苦慮されている場合等は、家計簿の作成をサポートするとよいでしょう。

加齢や病気等により認知機能が低下した方は、健常者よりも、精神的に不安定になりやすい傾向があります。そのため、弁護士等に債務整理を依頼しても、ご本人の不安が解消されないような場合には、精神的なサポートをするとよいでしょう。

2　支援者にしていただかない方がよいこと

弁護士等に債務整理を依頼しても、ご本人が普段接するケアマネジャー等の支援者に、債務整理の内容について相談する場面もあると思います。

もっとも、債務整理、特に自己破産については、弁護士等に依頼すると、自己破産申立ての準備段階に入ったこととされて、債務者に法律上様々な制約が課せられます。たとえば、一旦自己破産の準備段階に入ると、特定の債権者のみに返済することは許されませんし、新たな借入をすることも許されません。また、財産の処分にも注意を払う必要があります。それにもかかわらず、返済したり、新たな借入をしたりすると、「免責不許可事由」に該当してしまい、折角自己破産を申し立てたにもかかわらず、最終的に免責が許可されない（つまり、借入等を自己破産手続後も返済し続けなければいけない）ことになってしまいます。

実際に、筆者が自己破産の依頼を受けた後に、ご本人の支援者が、ご本人に社会福祉協議会の生活資金の貸付を案内してしまったことや、親族の方からの借入の返済を指導してしまったことがあり、その後事態を収拾するのに大きな手間がかかりました。

このように、返済、借入あるいは財産の処分等債務整理の方針に関わることについて、ご本人から助言等を求められても、安易に回答することは避け、弁護士等に問い合わせるよう指示してください。

万が一、ご本人と弁護士等との意思疎通が上手くいっていないようでしたら、支援者の方から弁護士等に問い合わせてもよいでしょう。

コラム⑩

ソーシャルワーカーと弁護士との役割分担について

弁護士とソーシャルワーカーが一緒にお仕事をすること

弁護士とソーシャルワーカーは、資格をはじめ立場も違います。しかし、お互いの資格や立場を理解しあうことで、ご本人の法的解決後の希望する人生という同じ方向性をもちながらお互いの力がどこで発揮できるかを把握できて、法的解決も着実に進めていけるのではないかと振り返って思います。

弁護士とソーシャルワーカーが同時進行で進めると、ご本人の現状がより把握され、ご本人の生活状況を理解しながら進めていくことにつながり、より着実に法的解決に向かえていけると感じています。例えば、なぜ書類を持参するのが困難なのか、お話しづらいことがどんなことであるのか、この度の法的解決に至った経緯など、ソーシャルワーカーの視点でご本人を理解し弁護士と同時に共有することで、ご本人の現状にマッチした法的解決の方向性がより明確となり進められる可能性が高くなったように感じます。また、ご本人が当初求めていた法的解決よりも別の進め方のほうが、より法的解決後の希望される人生に近づく可能性も高くなったのではないかと感じています。場合によっては、法的解決の進行と同時に社会資源の導入支援を行うことで、生活が整っていくきっかけになったこともありました。

弁護士は、法律という根拠をもって、なぜその解決に向かうのかということを明確に示されます。ご本人の希望する生活に向けての方向性について、ご本人の生活状況などから、ソーシャルワーカーももちろん、例えば制度などの社会資源から根拠をもって説明をしますが、明確な回答というよりも、「このような方法もあるのではないか」という、解決方法の方向性をお伝えするなどしています。そのなかで、弁護士が方向性に向けた法的根拠をもってご本人に提案することで、ご本人の方向性に対する納得度が格段と上がる姿を見ました。このように、資格や立場の違いを活用することで、ご本人の主体的な選択が定まることにもつながっているとも感じます。

弁護士のお仕事

私は、法律事務所に勤務するまで、弁護士が日々どのような業務を行っているのか見えずにいました。債務整理一つをとっても、受任されると膨大な資料作成や様々な社会資源との交渉を含めたやりとりをされている姿を目の当たりにしました。

ご本人の状況や情報が錯綜すると、その分、弁護士も法的解決を進めようにも進められなかったり、弁護士が把握されている情報で進めて現状は違っていたとなると、作業がやり直しになるなど大変な状態になることがあります。あまり進行に時間を要してしまうと、その進捗長状況によっては、辞任せざるを得ない可能性が出てきます。

依頼者の方の特性など把握に時間を要する部分について、あらかじめ弁護士にお伝えすると、合わせられるところを検討し協力してくださいます。

例えば書類を集めるなどの進捗状況について、次回打ち合わせまでに揃えるのが大変などの状況があったら、そのことについてソーシャルワーカーも支援してなるべく揃えられるように努めることを伝えておくと、弁護士もそのつもりで進行の調整を検討します。このようにお互いが進捗状況を情報共有することがとても大事かと思います。

　弁護士とソーシャルワーカーが一緒にお仕事を進めていくことで、法的解決後の人生を見据えて、生活のアセスメントができて、法的な解決を望んでいる生活の背景から課題を抽出（お身体の状態、家族関係、社会とのつながり、就労状況、人間関係など）することで、より良い生活のために改善すべきことを検討でき、ひいては法的解決の方向性がより明確になっていったことを体験しました。

　今後ソーシャルワーカーだけでなく他の職種の方々にも、このことがヒントになれば幸いです。

Q 2-7

　管財事件になるかもと言われたのですが、今後、どうなるのでしょうか？

A 2-7

- **「管財事件の予納金」を裁判所に納める必要があります。**
- **裁判所から選ばれた破産管財人という弁護士が、本人の財産の調査や免責に関する調査を行います。本人には破産管財人の調査に協力する義務があります。**
- **裁判所で債権者集会の期日が開かれます。本人も債権者集会に出る必要があります。**

1　管財事件に「なるかもしれない」場合とは

　債務整理の相談に行って、弁護士から「管財事件になるかもしれない」と言われる場合とはどのような場合でしょうか。

個人の破産事件が管財事件になるのは、本人に一定基準以上の財産がある場合、本人の財産状況が不明瞭で財産隠しが疑われる場合、借りたお金を浪費やギャンブルに使ってしまった等の、「免責不許可事由」がある場合等です。

「ある破産事件を同時廃止事件として処理するか、管財事件として処理するのか」を決めるのは裁判所です。どの程度財産を保有していれば管財事件になるかについては、裁判所から具体的な基準が示されています（ただし、全国的に統一された基準ではなく、地域差があります）ので、本人に一定基準以上の財産がある場合は、「管財事件になります」と説明されると思います。

一方、浪費やギャンブルについては、「いくら以上の浪費やギャンブルがあれば管財事件になる」といった基準はありません。個別の事案ごとに、本人の財産、収入、社会的地位、生活環境等もふまえて、総合的に判断されます。

ですので、「本人の財産は管財事件の基準よりも少ないけれど、債務が増えた原因の一部に浪費やギャンブルがある」といった場合、同時廃止事件になるか管財事件になるかの判断は難しいです。債務整理を依頼した弁護士が同時廃止事件として申立てをしても、裁判所の判断によって管財事件に移行する場合もあります。

2　管財事件の予納金

破産事件には、裁判所が破産管財人を選ぶ管財事件と、破産管財人が選ばれない同時廃止事件があります。令和２年度の司法統計では、個人の自己破産の件数が72,329件ありますが、そのうち同時廃止事件は45,464件です。

管財人が選ばれない同時廃止事件の場合、裁判所に納めるお金は官報公告費用（１万円台）だけで済みますが、管財事件の場合は、官報公告費用とは別に、少なくとも20万円程度の予納金が必要になります。

管財事件の予納金は、破産管財人の報酬や破産手続に要する費用になるお金です。予納金の基準は全国一律ではありませんが、多くの裁判所で予納金の最低額は20万円とされています（事案によってはより多くの予納金が必要になります）。予納金が最低額の20万円で済む類型の管財事件は少額管財、簡易管財などと呼ばれています。なお、少額管財事件の申立てを行うためには、弁護士に破産の申立を依頼する必要があります（司法書士に申立書類作成を依頼した場合には、少額管財事件の利用はできません）。裁判所の指定する期間内（最長でも６か月程度）に予納金を納められない場合は、破産の申立ては却下されてしまいます。

また、裁判所に納める予納金は、法テラスによる立替払いの対象にはなりません（ただし、本人が生活保護を受給している場合に限り、20万円を限度に予納金も立替払いの対象になります）。

ですので、管財事件になるかも知れない場合、自己破産の申立てを依頼する弁護士に支払う費用とは別に、計画的な積み立てや親族からの援助等により、管財事件になった場合に予納金を納付できるように準備しておく必要があります。

3　破産管財人による財産調査と免責調査

（１）財産調査

予納金が納付されると、「破産手続開始決定」が出て、破産管財人が選任されます。この破産管財人は、本人とも債権者とも利害関係のない、中立公正な立場の弁護士から選ばれます。本人が破産管財人を選ぶことはできません。

破産管財人は、破産の申立ての際に提出された財産目録に漏れがないかのチェック等の､本人の財産の調査を行います。破産管財人には、本人の財産を調査するための権限があり、本人の委任状や同意書がなくても、銀行に口座の有無や取引履歴を照会する、保険会社に保険契約の有無や解約返戻金の額を照会するといった財産調査をすることができます。

また、破産管財人が選任されると、本人宛の郵便物は、全て破産管財人の弁護士の事務所に転送されるようになります。破産管財人は、本人宛の郵便物を開封して内容を確認することが認められています。破産管財人が、本人に対して、保有する財産の内容や、過去に行った財産の処分等について説明を求めることもあります。本人には、破産に関して必要な説明をする法律上の義務があります。

（２）免責調査

破産管財人の仕事には、

①本人に免責不許可事由（借金をチャラにすることが認められなくなる事由）がないかを調査する

②免責不許可事由が有るとしても、「裁量免責」にできる事情がないかを調査する

①②の調査結果と、免責に関する破産管財人の意見（免責許可が相当か、免責不許可が相当か）を裁判所に書面で報告する、という仕事もあります。

そして、本人には、破産管財人の免責調査に協力すべき法律上の義務があります。

具体的には、破産管財人の法律事務所で、毎月１回程度の面談を行い、破産申立て後の家計や生活の状況を説明することになります。破

産管財人は、本人が自己破産することを決めて以降に浪費、ギャンブル、新たな借入等をせず、収入の範囲内で生活をしているかをチェックしていきます。

（3）説明義務違反は免責不許可事由

このように、管財事件になると、本人は、破産管財人に対して、財産や生活の状況等について説明をしなければなりません。

破産の申立代理人については、本人にとって話しやすい弁護士を選ぶことができますが、破産管財人については、どんなキャラクターの弁護士が選ばれるのか分かりません。初めて会う弁護士である破産管財人から様々な質問をされると、破産管財人と面談することが怖くなってしまったり、その場しのぎの嘘をついてしまう方もいるかもしれません。

しかし、本人には、破産に関して必要な説明をしたり、破産管財人の免責調査に応じなければならない法律上の義務があり、この義務に違反することも免責不許可事由とされています。破産管財人も、免責不許可にするために本人に説明を求めるのではなく、むしろ、「破産管財人の求める説明にきちんと応じた」ことを、裁量免責を認める事情の一つにするために、本人に様々な説明を求めています（免責不許可事由があっても、「裁量免責」が認められている場合がほとんどです)。

それなのに、破産管財人から求められた説明から逃げてしまうと、説明から逃げたこと自体が、過去の浪費やギャンブル以上の、決定的なマイナス要素になります（免責不許可になる割合は非常に低いですが、免責不許可事例には、破産管財人に説明を拒否したり、嘘をついたりした場合が多く含まれています)。

ですので、もし本人が、破産管財人から様々な説明を求められて不安・不穏になってしまった場合には、誠実に説明ができるよう、本人を心理的に支援していただきたいと思います。また、本人の特性上、破産管財人に対する説明に不安があると思われる場合は、申立代理人の弁護士が本人をフォローできるよう、申立代理人の弁護士に本人の特性についてあらかじめ共有していただく事も有効です。

4　債権者集会への出席

管財事件の場合、裁判所で債権者集会が開催されます。債権者集会は、本人も、債権者集会に出頭しなければなりません。

ただ、債権者集会とはいっても、金融機関、消費者金融、信販会社等の債権者はまず来ません。また、手続は非公開ですので、破産事件に関係の無い一般の人が傍聴することもありません。所要時間も数分程度のことが多いです。本人に財産がなく、破産管財人の主な仕事は免責不許可事由の調査という場合、通常、債権者集会は１回で終わります。

友人知人や親族等の債権者は、債権者集会に来て、本人に返済や説明を求めたりする場合もあります。このような事態が予測される場合、本人は債権者集会に出頭することを不安がるかもしれませんが、債権者集会に出頭しないことも免責不許可事由になってしまいます。支援者の方々には、本人が破産手続に最後まで向き合えるよう支援していただきたいと思います。

Q 2-8 途中で債務整理の契約をやめることはできますか？

A 2-8 **途中で債務整理の契約をやめることはできます。ただし、「破産手続開始決定」が出た以降は後戻りできません。**

債務整理を弁護士に依頼する契約は委任契約であるところ、委任契約は、各当事者がいつでもその契約を解除することができます。

ですので、なんらかの理由で本人が「やっぱり債務整理をやめたい」と思った時に、現在債務整理の契約をしている弁護士との委任契約を解除して、債務整理の契約をやめ、依頼した弁護士にそれ以上手続を進めないようにしてもらうことは可能です。

ただし、弁護士に依頼した内容が、自己破産の申立てであった場合、裁判所に対して行った自己破産の申立てを取り下げることができるのは、破産手続開始決定が出る前に限られています（個人再生の申立ての場合も、申立ての取下げができるのは再生手続開始決定が出る前に限られています）。

自己破産の申立ては、本人の個人的な利益のためになされるものではありますが、集団的な債務処理手続である破産手続は、開始すると、本人の個人的な利益を離れた債権者等の関係者の利害のためにも進行していきます。

そのため、「破産手続開始決定」が出た後に、本人が「債務整理はやめたい」と思っていても、破産手続開始決定はなかったことにはできませんし、本人は裁判所や破産管財人に対して破産や免責に関して説明義務を負います。

なお、「免責許可の申立て」については、破産手続開始決定後も取下げをすることが可能です。破産法上、債務者本人が破産手続開始の申立てをした場合、免責許可の申立てをしたものとみなされることになっていますが、破産手続と免責手続は別の手続であるため、「破産手続開始決定」が出た後でも、免責許可の申立てについては取下げをすることができます。

実務上も、免責不許可事由が著しく重い場合に、免責許可決定を出すことが難しいことを裁判所から示唆されて、免責許可の申立ての取下げをする事例は稀にですが存在します。

第3節

債務整理のあと

無事、債務整理が終わりました。

でも…

債務整理後ってどうしたらいいの？
再び、お金の問題になった場合は？

そういった質問に、お答えします！

Q 3-1

自己破産をしても返さなくてはならない債務があると聞いたのですが、どのような債務でしょうか？

A 3-1

・税金や社会保険料

・他人を害する積極的な意欲をもってなされた不法行為による損害賠償請求権

・故意又は重大な過失により人の生命・身体を害した場合の損害賠償請求権

・養育費、婚姻費用、扶養料等の親族関係にかかる請求権

・雇用関係に基づく使用人の請求権及び使用人の預り金返還請求権

・本人が知りながら債権者名簿に記載しなかった債権

・罰金等の請求権（罰金、科料、刑事訴訟費用、追徴金または過料）

これらの債権については、免責の対象とはならず、免責許可決定が出ても支払わなければなりません。このような破産しても免責の対象とならない債権は、非免責債権と呼ばれています。

1　税金や社会保険料

住民税、固定資産税・都市計画税、自動車税等の税金や、国民年金保険料、国民健康保険料等の社会保険料は非免責債権とされており、自己破産しても免責の対象にはなりません。ですので、本人が税金や社会保険料について滞納がある場合は、自己破産の手続とは別に、市役所の担当課や年金事務所に分割納付や猶予について相談する必要があります。督促状が送付されても放置していると、財産の差押え等の滞納処分を受けることがあります。

独立行政法人福祉医療機構が実施してきた、年金担保貸付制度（令和４年３月末に申込み受付終了）による貸付も、貸付が年金受給権を質権の目的物としているため、非免責債権に該当し、自己破産をしても支払義務を免れることはできません。

また、生活保護において、保護を受ける本人が、急迫の場合に資力があるにもかかわらず、保護を受けた場合の返還金も、非免責債権とされています。

2　他人を害する積極的な意欲をもってなされた不法行為による損害賠償請求権

加害者に対する制裁や被害者の救済の観点から非免責債権にされています。

3　故意又は重大な過失により人の生命・身体を害した場合の損害賠償請求権

人の生命、身体を害する不法行為に基づく損害賠償請求権については、特に保護の必要性が高いことから非免責債権とされています。

4　養育費、婚姻費用、扶養料等の親族関係にかかる請求権

親族関係に基づく請求権は、要保護性が高く、また、それを免責することがモラルハザードにつながるところから、非免責債権とされています。

養育費等の親族関係に基づく請求権は非免責債権であるので、離婚時に、離婚時の収入を前提に養育費を取り決めたが、その後収入が下

がって養育費を支払えなくなったといった場合でも、自己破産しても養育費が減免されることはありません。自己破産とは別に、家庭裁判所に養育費減額調停の申立てをする必要があります。

5　雇用関係に基づく使用人の請求権及び使用人の預り金返還請求権

使用人との雇用関係等に基づく債権については、使用人の保護の観点から非免責債権とされています。

6　本人が知りながら債権者名簿に記載しなかった債権

自己破産の申立ての際には、債権者一覧表を作成して提出します。この債権者一覧表に記載をすることで､裁判所から､債権者に対し「免責についての意見申述期間」についての通知が届きます。債権者一覧表に債権者を記載しないと、債権者は、免責について意見申述する機会を得られません。そのため、本人が知りながら債権者一覧表に記載しなかった債権については、非免責債権とされています。

金融機関や消費者金融等からの請求がある借入は「借金」として弁護士に伝える方でも、親族・友人からの個人的な借入や奨学金、生活福祉資金等、「借金」というイメージが薄い債務については本人が弁護士に伝えないということがままあります。

債権者一覧表に記載さえしておけば問題なく免責の対象となる債権でも、債権者一覧表に記載しないことで非免責債権になってしまいますので､自己破産の依頼を受けた弁護士としては､様々な聞き方で「本人が支払わなければならないお金」に関し、漏れがないように聴き取りを重ねることになります。

７ 罰金等の請求権（罰金、科料、刑事訴訟費用、追徴金または過料）

本人に負担させるべき罰であるため、非免責債権とされています。

Q 3-2 債務整理が終わった後に、昔の債務が発覚したり、新たな債務が発覚した場合はどうしたら良いでしょうか。債務整理は一回しかできないのでしょうか？

A 3-2 **難しい場合もありますが、いずれも対応方法はあります！**

まず、債務整理が終わった後に、昔の債務が発覚した場合についてです。免責許可（借金をチャラにしてもらう）の申立てにあたっては、裁判所に債権者の名簿を提出する必要がありますが、この債権者名簿に漏れがあった（後になって昔の債務が発覚した）からといって、必ずしも、漏れていた債権者に、免責の効果が及ばないわけではありません。免責の効果は、原則として、破産手続開始の申立てを受けて、裁判所が破産手続開始決定をした日以前に存在していた債務に及びます。

ただ、破産法253条１項６号は、「破産者が知りながら債権者名簿に記載しなかった請求権（当該破産者について破産手続開始の決定があったことを知っていた者の有する請求権を除く。）」は、その限りではないと定めており、意図的に漏らした場合は、免責の効果が及ばないとしています（余談ですが、意図的に漏らすことは、破産法252条１項７号で、免責不許可事由（免責を認めない理由）の一つとしても定められており、漏らした債権者だけの問題ではなくなってきます）。

また、裁判所は、「知りながら」とは、意図的な場合だけではなく、漏らしたことに過失があった場合も含む、と解釈しています。

この過失の判断にあたっては、持病の悪化や離婚などにより生活が著しい苦境にあったことなども、過失がない事情（漏らしたことがやむを得ない事情）として考慮しているかに読める裁判例があります。そのため、後日、債権者名簿から漏れていた昔の債務が発覚した場合であっても、漏らした経緯によっては、免責の効果が主張できることがあります。あくまで肌感覚ですが、昔の債務の請求があった場合でも、免責許可決定書のコピーをお送りすると、それ以上請求してくることなく終わりになるケースが多いように感じています。

そうはいっても、何があるかわかりませんから、まずは、債権者名簿から漏らさないということが大事となります。利用者さんの中には、債権者に対する義理や、あるいは、債権の性質を理由に（例えばアダルトサイトの利用料等）、債権者の一部を伏せたい、という気持ちになってしまうこともあるようです。そういった気持ちになること自体は自然なことかと思いますが、後で大事になってしまうこともあります。支援者の方で、気になったことがある場合には、それとなく利用者さんに、弁護士に正直に伝えておかないと、せっかく破産の手続を頑張った意味がなくなってしまうこともあるよと伝えていただければと思います。

次に、新たな債務が発覚した場合です。まず、一番大事なのが、「どこからが新しい債務なのか」ということです。詳細は、第１章やフローチャートを確認していただければと思いますが、債務整理は、概ね、（１）弁護士への相談→（２）弁護士から債権者への受任通知→（３）破産手続開始の申立て→（４）裁判所による破産手続開始決定→（５）裁判所における債務者に対する免責審尋→（６）免責決定→（７）免責決定の確定という順番で進み、手続が終結します。なんとなく、感覚的に、手続が終結する（７）以降に新たにした借金などが、「新しい債務」という印象をお持ちになる方が多いのではないかと思いますが、実は、（４）以降に発生した債務は、「新しい債務」となり、免責の効果が及ばず、きちんと返済するか、あるいは、支払えないのであれば別に債務整理をする必要がある、ということになります。手続としては、まだ裁判所で、免責のための手続が進んでいる真っ最中、ということで、びっくりされた方もいらっしゃるかもしれません。

すでに質問の答えを書いてしまいましたが、債務整理は一回しかできないというわけではありません。ただ、債務整理の代表的な方法の一つである破産免責については、破産法上、「（前回の免責が確定日等から）七年以内に免責許可の申立て」（第252条１項10号）があった場合には、「破産手続開始の決定に至った経緯その他一切の事情を考慮して免責を許可することが相当であると認めるときは、免責許可の決定をすることができる」（同２項。いわゆる裁量免責）と定められており、一回目よりも免責許可のハードルは高くなります。なお、債務整理の種類や詳細については、Ｑ２－３をご覧ください。また、裁量免責については、Ｑ１－７をご覧ください。

コラム11

任意整理後に支払いができなくなったら

任意整理は、借金（の一部）を収入に合わせた形で返済していく債務整理の方法ですので、任意整理後に、大病をしたり、あるいは仕事を失うなどして、収支のバランスが変わってしまった場合には、支払いを続けていくことが難しくなってしまいます。こういった場合にも、すぐに弁護士に相談してください。

任意整理は貸金業者との合意で行うものですので、貸金業者が合意してくれるのであれば、理屈上は何度でも行うことができます。実際上も、貸金業者としては、きちんと支払ってもらえることを重視しているようで、２回目ぐらいまでは比較的柔軟に合意をいただけている印象です（もちろん、貸金業者によるところもあります。また、筆者も３回目の経験はありません）。なお、貸金業者にとって「態度の悪い債務者」（返済を一度もしていない債務者など）の任意整理については、（１回目の時点から）条件面等について、なかなか譲歩を得られないケースが少なくありません。

このような感じで、任意整理後に支払いができなくなった場合の再度の任意整理はそこまでハードルが高いわけではありません。収入が減ってしまい支払いが難しくなったからといって、無理をして仕事を増やしてかえって体を壊したり、任意整理の支払いのために新たな借金をしたり、任意整理後にせっかくできた貯金を取り崩したりする前に、ご相談いただければと思います。また、放置してしまうと、利息が膨れ上がる等、その後に任意整理をする場合の条件面に影響するということもあります。

なお、任意整理の支払いが滞った場合には、貸金業者から、任意整理に関わった弁護士宛に連絡がくるのが一般的で、それをきっかけに、弁護士の方からお声かけさせていただくことも少なくありません。

Q 3-3 債務整理後の支援はどうしたらよいでしょうか？

A 3-3 債務の問題は、「生活習慣病」です。

肥満をどうにかしようと思った場合に、脂肪吸引手術という手段をとれば、その瞬間は劇的な効果がでます。ただ、生活習慣が改善しなければ、結局、少しずつ太っていってしまい、最終的には、もとの肥満に戻ってしまいます。逆に、生活習慣の改善は、その瞬間に劇的な効果を生じるわけではありませんが、少しずつ肥満を解消していき、最終的には肥満から脱却することができます。債務の問題も同じようなもので、例えば、双極性障害の方が、その精神疾患に由来する浪費で借金を作ってしまったケースにおいて、破産免責を得れば、確かにその時点における借金からは解放されますが、それと並行して生活支援を行わなければ、早晩、新たな借金の問題に悩まされる可能性が高いと考えられます。

債務の問題は、債務整理（破産免責や任意整理等）が終わったら解決、法的な手続なので支援者側の主役は弁護士、という認識になりがちです。しかし、実際には、債務整理が終わってからが本番であり、債務の問題を契機とした再アセスメントや再プランニングなどのケアマネジメントが一番大事です。そういった意味で、債務の問題の支援者側の主役は、実は弁護士ではなく、支援者の皆さんだったりします。

筆者は、精神保健福祉士としての多少の実務経験もあることから、知人弁護士から債務整理の進め方に関する相談を受けることも少なくありませんが、適切な見立てを得られずに一人で悩んでいる弁護士は少なくないように感じます。債務の問題は法律の問題だから弁護士につないだらひと段落、ではなく、本人の生活を支えるという観点から、債務整理に積極的に関わって、弁護士にも意見をいっていただければと思います。なお、債務整理中の支援については、Q2－6をご覧ください。

コラム⑫

債務整理以外での弁護士との連携

「弁護士との連携」と言われると、まずは、借金の問題（債務整理）や、成年後見制度のことが、頭に浮かぶ方が多いのではないかと思います。また、近年では、刑事裁判で活躍する更生支援コーディネーターのことが頭に浮かぶ方もいらっしゃるかもしれません（更生支援コーディネーターのことを詳しく知りたい方は、社会福祉士会や精神保健福祉士会の司法ソーシャルワーク委員会に問い合わせてみてください）。ただ、「弁護士との連携」は、そのような特定の分野に限られるものではありません。

例えば利用者さんについて、生活保護受給中に相続が発生した、新聞の押し売りを契約してしまって食費がない、この情報共有は個人情報保護法に違反しないのだろうか、親権のない子どもと同居しはじめたのだが大丈夫だろうか、家賃未払いで内容証明郵便が届いた、虐待を受けているようなのだが虐待の事実を認定して良いのかわからない（実は、事実認定能力というものも法的知識と並ぶ弁護士の専門性です）、認知症の方が万引きで逮捕されてしまったのだけれど今後どうなっていつ帰ってくるの、口約束は無効ということでいいの、など。ケースワークを進めていく中で、ちょこちょこ顔を出してくる法的問題（一見、法的問題に見えないものも多いかもしれません）について、正確な見立てが得られない故に、まるで足の裏に張り着いた米粒のように気になってしまい、自信をもって対応できない、今後備えておくべき焦点が絞れず出たとこ勝負の散漫な支援になってしまう、といった経験もあるのではないかと思います。

近年、その有効性から、自治体の主催する相談などでも、ソーシャルワーカーと弁護士が同席して相談に対応するものが増えています。利用者さんの特定の法的問題について相談するという連携ではなく、一緒に生活全体をみるという連携であり、その場で法的問題や救済に関する正確な見立てを得られることから、自身の専門性に集中し、自信をもって支援を提供することができ、良質な支援の提供につながっていきます。

なお、法的支援はあくまで本人の生活支援の一選択肢にすぎませんから、一緒に生活全体をみるという連携の場合も、ケアマネジメントは、ソーシャルワーカーの専門性であり、支援者側の主役は皆さんです。

債務整理のフローチャート

債務整理のフローチャート

以下は、債務整理の流れフローをチャート化したものです。債務整理の相談から弁護士等への依頼までの流れがチャート①です。弁護士等に自己破産申立てを依頼した場合は、その後チャート②に流れます。弁護士等に任意整理を依頼した場合は、その後チャート③に流れます。

チャート❶（相談〜依頼）

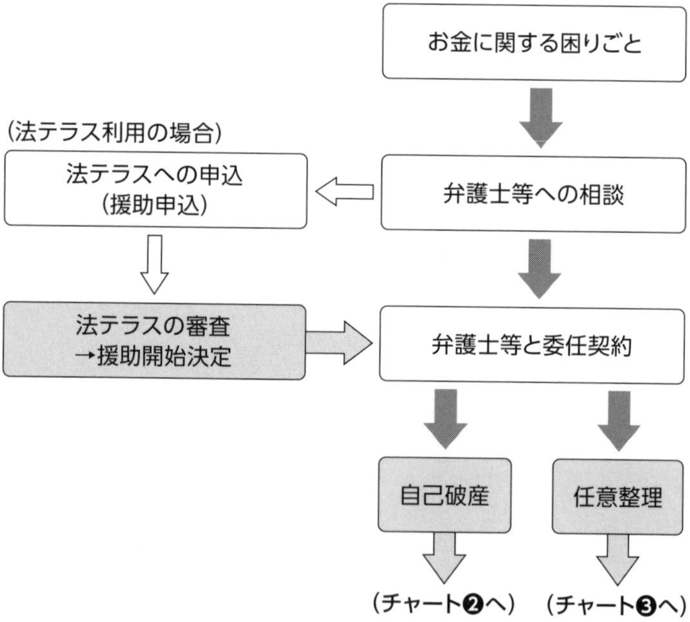

チャート❷（自己破産・同時廃止事件）

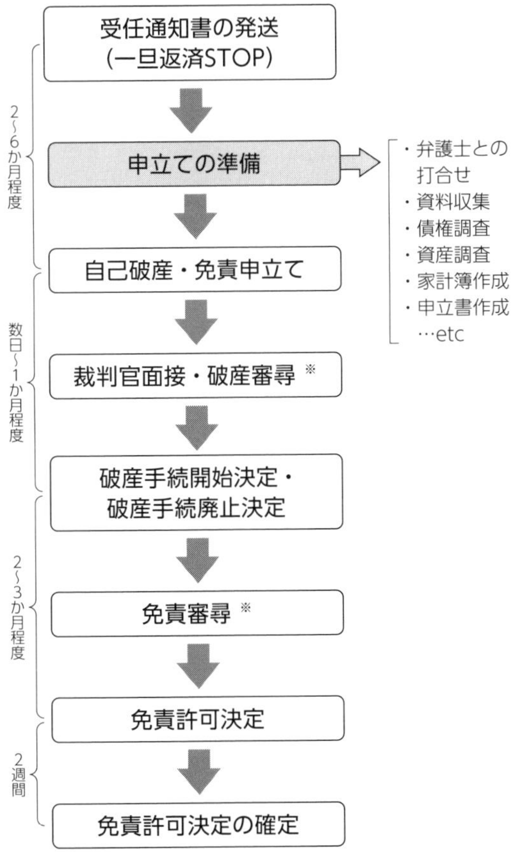

※裁判官面接・破産審尋や免責審尋は，裁判所によっては実施されない場合もあります。

チャート❸（任意整理）

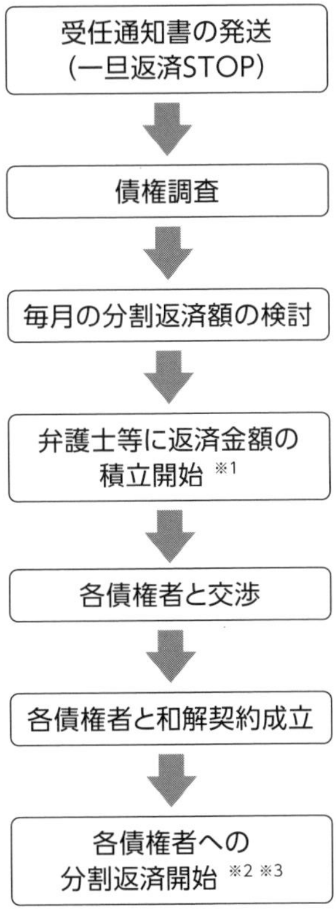

※1　弁護士等によっては積立を求めないこともあります。

※2　和解が成立した債権者から順次弁済を開始します。

※3　弁護士等を通じて返済する場合と，債務者本人で返済する場合とがあります。

サービス・インフォメーション

通話無料

①商品に関するご照会・お申込みのご依頼
TEL 0120(203)694／FAX 0120(302)640
②ご住所・ご名義等各種変更のご連絡
TEL 0120(203)696／FAX 0120(202)974
③請求・お支払いに関するご照会・ご要望
TEL 0120(203)695／FAX 0120(202)973

●フリーダイヤル(TEL)の受付時間は、土・日・祝日を除く9:00〜17:30です。
●FAXは24時間受け付けておりますので、あわせてご利用ください。

どうする？　利用者の金銭問題
ケアマネジャーのための債務整理入門
―専門家へのつなぎ方、つないだ後のかかわり方―

2023年3月15日　初版発行

編　著　平林　剛
　　　　山田英男
発行者　田中英弥
発行所　第一法規株式会社
〒107-8560　東京都港区南青山2-11-17
ホームページ　https://www.daiichihoki.co.jp/

ブックデザイン　タクトシステム株式会社

ケアマネ債務整理　ISBN 978-4-474-07775-1　C2036（0）